그림책으로 읽는
우리나라 역사

-단군신화에서 촛불 광장까지-

천천히읽는책_62

그림책으로 읽는 우리나라 역사

글 조월례

펴낸날 2023년 5월 5일 초판1쇄
펴낸이 김남호 | 펴낸곳 현북스
출판등록일 2010년 11월 11일 | 제313-2010-333호
주소 07207 서울시 영등포구 양평로 157 투웨니퍼스트밸리 801호
전화 02)3141-7277 | 팩스 02)3141-7278
홈페이지 http://www.hyunbooks.co.kr | 인스타그램 hyunbooks
ISBN 979-11-5741-361-4 73910

편집 전은남 | 책임편집 류성희 | 디자인 디.마인 | 마케팅 송유근 함지숙

글 ⓒ 조월례 2023

이 책은 저작권법에 의하여 보호를 받는 저작물이므로 무단 전재 및 복제를 금지하며,
이 책 내용의 전부 또는 일부를 이용하려면 반드시 저작권자와 현북스의 허락을 받아야 합니다.

⚠ 주의 종이에 베이거나 긁히지 않도록 조심하세요. 책 모서리가 날카로우니 던지거나 떨어뜨리지 마세요.

그림책으로 읽는
우리나라 역사

-단군신화에서 촛불 광장까지-

글 조월레

| 머리말 |

우리 역사를 바로 알고 역사의 주인이 되세요

어린이 여러분 안녕하세요?

이 책은 단군할아버지가 조선을 세운 이후 세월호 이야기를 지나 분단된 우리나라가 통일이 되기를 바라는 마음까지 다룬 그림책들을 소개하는 책입니다.

흔히 동화책이나 그림책은 꾸며낸 이야기로 알고 있기도 합니다. 하지만 여기에서 소개하는 그림책들은 우리 할머니 할아버지들, 엄마 아빠, 언니 오빠들이 실제 겪은 이야기들을 다루고 있습니다. 우리나라는 한때 다른 나라의 침략을 받고 오랫동안 우리 땅에서 남의 나라 종이 되어 부끄러운 역사를 살았습니다. 자존심을 짓밟히는 굴욕적인 역사를 살면서 빼앗긴 나라를 되찾기 위해 수많은 사람들이 말할 수 없는 고통을 겪었습니다. 목숨을 잃기도 했습니다. 우리나라 안에서도 서로 생각이 다른 사람들이 싸우다가 전쟁을 겪기도 했습니다.

그 때문에 온 나라가 잿더미가 되고 부모를 잃은 아이들, 아이를 잃은 부모들이 겪은 아픔을 또 어떻게 다 말할 수 있을까요?

그렇지만 우리나라 사람들은 부끄러운 역사만 산 것은 아니에요. 많은 사람들이 나라에 닥친 어려움과 맞서서 온몸을 던져서 싸웠습니다. 그러다가 많은 사람들이 고통을 겪다가 목숨을 잃었습니다. 그러면 그 다음 사람들이 또 일어나서 우리나라를 침략한 사람들과 싸웠고, 부당한 권력자들과 싸웠습니다. 그렇게 우리나라를 지켜 냈습니다. 앞서서 그렇게 수많은 사람들이 온 마음으로, 온몸으로 지켜 낸 나라에서 우리는 지금 이렇게 살아가고 있는 것입니다.

이 책에서는 우리나라 역사 사건을 다룬 그림책을 소개합니다. 각 그림책에서 다루는 사건 내용과 그림책이 갖는 의미를 소개합니다. 더 읽어 보면 좋은 관련 도서들을 함께 소개합니다.

이 책에서 소개하는 그림책들과 관련 도서들을 한 권 한 권 꼼꼼하게 읽으면서 앞선 사람들의 삶을 통해 우리나라 역사를 조금 더 알아 갈 수 있는 계기가 되기를 바랍니다. 또한 여러분 한 사람 한 사람이 우리나라를 지켜 가는 자랑스러운 역사의 주인이라는 사실을 깨달을 수 있기를 바랍니다.

조월례

| 차례 |

머리말 | 004

1. 《단군신화》 – '홍익인간' 이념으로 첫 나라를 세운 단군 | 008

2. 《명량 해전》 – 이순신과 백성들이 함께 왜군을 막아 내다 | 016

3. 《수원 화성》 – 정조의 사상과 철학을 담은 건축물 | 024

4. 《폭죽소리》 – 중국 땅으로 쫓겨난 우리 민족 후예, 조선족 | 032

5. 《고만녜》 – 100년 전 일제를 피해 북간도로 간 사람들 | 040

6. 《나비를 잡는 아버지》 – 일제강점기를 살아간 아이들 | 048

7. 《꽃할머니》 – 일본군 '위안부'로 끌려간 여성들 | 056

8. 《할아버지와 보낸 하루》 – 대를 물려 고통받는 우리나라 원폭 피해자들 | 064

9. 《나무도장》 – 제주 4·3 사건으로 돌아보는 아픈 역사 | 072

10. 《강냉이》 - 6·25 전쟁에 꿈을 빼앗긴 아이들 | 080

11. 《엄마에게》 - 전쟁 때문에 헤어져 살아야 했던 가족 | 088

12. 《온양이》 - 전쟁 중에 태어난 희망의 생명 | 096

13. 《용맹호》 - 베트남 전쟁의 가해자이자 피해자 | 104

14. 《씩스틴》 - 총은 누구를 지켜야 하나 | 112

15. 《풍선고래》 - 노란 리본이 슬픈 아이들 | 120

16. 《백년 아이》 - 우리나라가 지나온 백 년 역사 이야기 | 128

17. 《우리들의 광장》 - 사람이 모여 역사를 이야기하는 광장 이야기 | 136

18. 《비무장지대에 봄이 오면》 - 휴전선을 허물고 남북이 하나 되었으면 | 144

1. '홍익인간' 이념으로 첫 나라를 세운 단군

《단군신화》
이형구 글, 홍성찬 그림, 보림, 1995 초판

《삼국유사》에 실린 단군신화를 바탕으로 만든 그림책이에요.
단군 이전의 수렵 채취 시기부터 단군왕검이 조선을
세우기까지 과정을 그림과 글로 이야기해요.

처음 책을 펼치면 4쪽을 연결한 넓은 펼침 화면에 옛 사람들이 살아가는 모습을 보여 줍니다. 강가의 드넓은 황토색 들판에서 움막을 짓고 남녀노소가 함께 어울려 살아가는 모습입니다. 사람들은 저마다 사냥을 하고, 강에서 물고기를 잡고, 불을 피워 음식을 장만하거나 무엇인가를 만들고 있습니다. 나무에는 과일이 풍성하고, 강에는 물고기가 넉넉합니다.

이 그림책은 단군이 오기 전부터 옛 사람들이 드넓게 펼쳐진 들판에서 움막을 짓고, 물고기를 잡고, 농사지으며 자연과 함께 살아왔다는 것을 말해 줍니다.

홍성찬 그림 작가는 2쪽이나 4쪽을 연결한 펼침 화면의 넓이를 다채롭게 활용하여 '광활한, 드넓은, 웅장한, 신비한, 평화로운, 역동적인, 섬세한, 너불어, 강인한' 등 우리 민족의 성향을 그림으로 보여 줍니다.

특히 외적이 쳐들어오지 못하도록 성을 쌓는 장면은 홍성찬 작가 그림의 진수를 보여 줍니다. 여러 사람이 저마다 역할에 따라 일하는 모습, 집을 짓는 재료, 집을 짓는 형태, 집을 짓는 도구 등을 살펴보면 단군에게서 이어진 한국적 정서를 느낄 수 있습니다.

하늘나라 하느님인 환인이 사람들이 사는 모습을 내려다보고 있습니다. 아들 환웅은 사람들이 사는 땅에 내려가 사람들을 위해 살고 싶다고 합니다.

환인은 아들의 뜻을 받아들여 인간 세상을 이롭게 하는 바람신, 비신, 구름신과 함께 일할 3,000명을 내주어 땅으로 내려가 살게 합니다. 환웅과 신하들이 하늘나라에서 구름을 타고 땅으로 내려오는 모습과 땅 위 사람들이 이들을 환영하며 감격적으로 맞이하는 모습은 신비롭고 장엄합니다.

환웅은 땅에 내려와 태백산 신단수 아래에 신시를 세웁니다. 땅 위 사람들에게 필요한 360여 가지 일을 주관하며 사람들을 다스립니다. 사람들은 바람신, 구름신, 비신의 도움으로 땅을 일구어 농사를 짓습니다.

사람들이 점점 더 많아지고, 마을이 모습을 갖추어 갔습니다. 마을은 더 커지고 늘어났습니다. 사람들이 많아지자 서로 다투는 일도 잦아졌습니다. 그때마다 환웅은 사람들의 갈등을 조정하면서, 서로 견제하고 경쟁하기보다 화합하고 조율하면서 사이좋게 살도록 가르쳤습니다.

땅 위 사람들이 이렇게 살아가고 있는데, 어느 날 곰과 호랑이가 환웅을 찾아와 사람이 되고 싶다고 합니다. 이에 환웅은 쑥과 마늘을 주며, 백 일 동안 굴 속에 들어가 햇빛을 보지 말라고 합니다. 사람이 되고 싶었던 곰과 호랑이는 환웅의 말에 따라 쑥과 마늘을 가지고 동굴로 들어갑니다. 그렇게 곰은 동굴에 들어가 쑥과 마늘을 먹으며 견뎌서 21일 만에 여자가 되지만, 호랑이는 참지 못하여 동굴을 뛰쳐나가 사람이 되지 못합니다.

환웅은 사람이 된 웅녀를 아내로 맞이하여 아들을 낳으니 그가 곧 단군입니다. 하늘의 아들 환웅과 땅의 딸인 웅녀가 결합하여 태어난 단군은 이성과 도덕을 갖춘 최초의 사람입니다. 단군은 소년에서 청년으로 성장하면서, 사람들의 어려운 일에 앞장서고 갈등을 해결하면서 여러 마을을 다스리는 임금이 됩니다.

우리 민족의 뿌리를 일깨우는 단군신화

단군은 '널리 사람을 이롭게 하라'는 홍익인간 사상을 건국이념으로 삼아, 우리 민족 최초의 나라인 조선을 세웁니다. 곧 우리 역사가 시작되는 이야기입니다.

단군과 조선 역사는 해석하는 입장에 따라 '실제 역사이다' 또는 '허구이다'라는 논쟁이 이어지고 있습니다. 건국신화는 세월이 가면서 당대 사람들에 의해 변화를 거듭합니다. 하물며 단군이 조선을 세운 지 수천 년이 지났습니다. 단군 이야기도 그동안 여러 사람들 생각이 더해지고 또 빠지는 과정을 거치면서 변화를 거듭했을 것입니다. 단군 이야기를 종교로 보든, 역사로 보든, 허구로 보든 사람들의 견해에 따라 다를지라도, 우리 민족이 단군 자손이라는 사실에는 변함이 없습니다.

단군은 조선을 세운 뒤 1,500년 동안 법과 질서를 유지하고, 자연과 생명을 중히 여기며 평화롭게 다스렸습니다. 어떻게 사람이 1,500살을 살 수 있을까요? 단군은 우두머리를 일컫는 말로 단군 시대가 1,500년 동안 이어져 왔고, 그 기간 동안에 여러 왕들을 거치면서 나라를 다스렸다는 것을 뜻합니다. 단군은 제사장을, 왕검은 정치 지도자를 뜻하는 말로,

> 단군은 '널리 사람을 이롭게 하라'는 홍익인간 사상을
> 건국이념으로 삼아, 우리 민족 최초의 나라를 세웁니다.
> 우리 민족은 첫 역사가 시작될 때부터 서로 존중하고
> 사랑하고 돕는 정신을 갖고 있었다고 볼 수 있습니다.

당시 최고 지배자는 제사와 정치를 모두 주관하며 나라를 다스렸습니다.

이 단군 조선을 훗날 이성계가 세운 '조선'과 구별하기 위하여 '고조선'이라고 합니다. 고조선은 지금의 북한과 만주 지방을 중심으로 발전한 실제 국가입니다.

홍익인간, 널리 사람을 이롭게 하다

단군이 나라를 세운 정신은 '홍익인간'입니다. '널리 사람을 이롭게 한다'는 뜻입니다. 이 세상 모든 사람들한테 고루고루 이익이 되게 하고, 서로 돕고 존중하며 살아가는 정신입니다. 사람이 살아가는 데 가장 기본이 되는 정신입니다.

홍익인간 정신은 환웅이 하늘나라에서 구름신, 비신, 바람

신과 함께 땅으로 내려와서 모든 사람들이 고루 행복한 삶을 살 수 있도록 돕는 일을 주관하는 데서부터 시작되었습니다. 곡식, 생명, 질병, 형벌 등을 다스리는 것은 '널리 사람을 이롭게 해야 할' 사회의 온갖 일입니다. 우리 민족은 건국되어 첫 역사가 시작될 때부터 서로 존중하고 사랑하고 돕는 정신을 갖고 있었다고 볼 수 있습니다.

그리스·로마 신화를 보면 신들끼리 극한 갈등을 끊임없이 이어 갑니다. 하지만 단군신화에는 신들 사이에서도, 신과 인간 사이에서도 갈등이 나타나지 않습니다. 오직 자연에서 서로 돕는 공동체 정신으로 살아가는 모습을 주로 봅니다.

태초부터 우리 민족 DNA에는 이렇게 '널리 사람을 이롭게 하는' 홍익인간 세계관이 있었다고 할 수 있습니다. 이러한 세계관은 옛 사람들뿐만 아니라 오늘을 살아가는 우리도 바라는 일입니다. 즉, 보편적 세계관을 신화적으로 표현한 것이라 할 수 있습니다.

우리는 10월 3일을 개천절('하늘을 열어 처음 나라를 세운 날'이라는 뜻)로 정하고 국경일로 지켜 왔습니다. 농사를 지어

수확한 쌀로 떡을 해서 하늘에 올리며 기념하는 날입니다. 이날은 단군이 기원전 2333년 조선을 건국하여 문화 민족이 탄생한 날이고, 하늘에 감사하는 날입니다. 단군이 우리 모두 조상이며, 우리는 반만 년의 역사를 지닌 민족이라는 자부심을 갖게 하는 행사입니다. 그런데 무엇 때문인지 몰라도 언제부턴가 슬그머니 개천절 행사를 소홀하게 대합니다. 우리 겨레와 나라의 뿌리를 기리는 일이니 다시 살려내서 더 의미 있게 개천절 행사가 진행되어야 하지 않을까 생각합니다.

더 읽어 보세요

《단군신화》 정해왕 글, 최민오 그림, 현암사, 2009
벽화 느낌을 살린 그림으로 고대 신화에 더 비중을 두어 신비로운 느낌이 더 많이 살아있어요. 그림을 비교하며 읽을 수 있어요.

《어린이 삼국유사 1, 2》 서정오 글, 이만익 그림, 현암사, 2006
《삼국유사》(고운기, 최선경 옮김)에 실린 28가지 이야기를 두 권에 나누어 실었어요. 한국인의 정서와 문화와 삶을 읽을 수 있어요.

2. 이순신과 백성들이 함께 왜군을 막아 내다

《명량 해전의 파도 소리》
김근희 글, 이담 그림, 길벗어린이, 2010

임진왜란 당시 전쟁터에서 거북선과 함께 부하들을 격려하며 지휘하는 이순신 장군, 이런 장군을 믿고 온몸을 던져 격전을 치르는 조선 병사들을 생생하게 만날 수 있는 그림책이에요.

1592년 임진년 4월, 전쟁 준비가 전혀 되어 있지 않던 조선에 갑자기 왜군이 쳐들어옵니다. 선조 임금과 조정 대신들은 다급히 북쪽으로 피난을 가고, 육지는 삽시간에 왜군의 말발굽 아래 짓밟히는 위기에 빠집니다.

다행히 남쪽 바다에서는 전라좌수사 이순신 장군이 사천, 당포, 한산도 싸움에서 연일 승리를 이어 갑니다. 육지에서는 명나라 지원군과 함께 한양을 되찾았고, 명나라와 왜군은 전쟁을 멈추기 위한 협상을 3년이나 이어 갑니다.

하지만 협상은 잘 이루어지지 않았고, 1597년 정유년 2월 일본은 14만 명의 군사를 이끌고 다시 쳐들어옵니다. 이때 이순신 장군은 모함에 빠져 수군통제사에서 파직되어 옥고를 치른 뒤 백의종군을 하고 있었습니다. 이순신 대신 원균이 수군통제사가 되어 칠천량 해전을 치렀는데, 왜적에게 참패하고 말았습니다. 조선 바다는 또 다시 위기에 처합니다.

선조 임금은 이순신 장군을 다시 삼도수군통제사로 임명합니다. 이때 이순신 장군에게는 칠천량 해전의 패전으로 사기를 잃은 병사들과 단 12척의 배만 남아 있을 뿐이었습니다. 이순신 장군은 남해안 일대를 행군하며 흩어진 군사들을 모으고, 식량을 모으고 무기를 마련합니다.

여랑이 오빠 해랑이는 칠천량 해전에서 목숨을 잃은 아버지 원수를 갚고 바다를 지키기 위해 격군이 되었습니다. 여랑이 오빠를 걱정하자 할아버지는 이순신 장군이 무모한 싸움으로 부하들을 죽게 하지는 않을 거라고 말합니다.

전투가 시작되자 격군들은 '우리 수군이 반드시 이길 것'이라는 믿음으로 온 힘을 다해 노를 저었습니다. 마을 사람들은 산에 올라가 마음 졸이며 이 전투를 지켜보았습니다.

마침내 이순신 장군의 대장선이 앞장서서 왜군 군함 한 척을 물리쳤습니다. 왜군들은 곧 대장선을 겹겹이 에워싸고 공격했습니다. 숨죽여 지켜보는 마을 사람들은 애가 탔습니다. 그러나 할아버지는 "장군께서는 한 사람이 길목을 잘 지키면 천 사람도 두렵게 할 수 있다"고 했다며 이순신 장군을 믿었습니다. 이순신 장군은 전투가 있기 전날 "죽기로 싸우면 살 것이요, 살고자 꾀를 부리면 죽을 것이다", "적선이 비록 천 척이라 해도 우리는 이길 수 있다"고 하며 부하들을 격려했습니다.

대장선의 총공격 명령에 따라 모든 조선의 배들이 왜군들을 향해 진격합니다. 왜군들은 겁을 먹고 서로 먼저 도망치느라 아우성을 쳤습니다. 바다는 곧 수많은 왜군 시체로 붉게 물들었습니다. 이순신 장군과 이름 없는 격군들, 수군들, 전투를 지켜본 마을 사람이 한마음으로 서로 믿고 격려하며 목숨을 걸고 싸운 끝에 마침내 왜군을 물리칠 수 있었습니다.

이담 그림 작가는 밀납을 긁어서 명암을 조절하며 화면을 연출했습니다. 임진왜란 당시 조선의 땅과 바다, 전쟁을 맞이해 불안한 마을 사람들 표정과 옷차림, 바다에서 땅에서 거침없이 침입해 오는 왜군들, 전쟁터에서 거북선과 함께 부하들을 격려하며 지휘하는 이순신 장군, 이런 장군을 믿고 온몸을 던져 격전을 치르는 조선 병사들, 이를 묵묵히 지켜보는 마을 사람들의 긴장과 불안, 장군에 대한 믿음과 승리의 기쁨 등을 생생하게 그림으로 전달합니다.

명량 해전의 기적 같은 승리

어떻게 불가능할 것 같았던 전투를 기적 같은 승리로 이끌

수 있었을까요? 그것은 여랑이 할아버지처럼 이순신 장군을 믿고 묵묵히 기다려 준 백성들이 있어서였습니다.

'이순신 장군은 싸움에서 진 적이 없다. 반드시 이길 것이다.' '우리 조선 수군이 숫자는 적어도 모두 힘을 합해 장군을 따르면 반드시 이길 것이다.'

이 같은 믿음은 바다에서 치열한 전투를 치르는 조선 병사들도 다르지 않았습니다. 해랑이를 비롯한 격군들은 배 밑에서 손이 부르트고 피투성이가 되어서도 서로 격려하면서 온 힘을 다해 노를 저었습니다.

"우리가 죽기로 노를 저으면 반드시 이길 거예요."

"돌아가신 아버지를 대신해 꼭 이 바다를 지킬 거예요."

"이순신 장군이 있으니까 조선 수군이 꼭 이길 거예요."

해랑이를 비롯한 격군들은 이렇게 서로 격려하면서 몸을 사리지 않고 전투에 임했습니다. 조선 병사들과 백성들이 이처럼 이순신 장군을 믿고 묵묵히 자기 역할을 다한 덕분에 전투에서 기적 같은 승리를 거둘 수 있었습니다.

이순신 장군이 아니었다면 세계지도 위에서 조선은 영영

> 명량 해전은 이순신 장군이 12척의 배로 왜적선 330척을 물리친 자랑스러운 우리 역사예요. 병사들과 백성들이 이순신 장군을 믿고 함께했기에 가능했던 기적 같은 승리이지요.

사라졌을지도 모릅니다. 왜군으로부터 나라를 지켜내기 위해 목숨을 걸고 싸운 조선 병사들, 아버지 원수를 갚고 조선의 바다를 지키기 위해 몸을 사리지 않았던 여량이 같은 조선의 병사들, 반드시 이길 것이라는 간절한 믿음으로 지켜본 조선 백성들이 조선을 지킨 진정한 영웅입니다. 그들이 있어 어쩌면 지도에서 사라졌을지 모를 우리나라를 지키고, 우리 역사를 이어 갈 수 있게 한 것입니다.

두 차례나 침략한 왜군을 물리치다

조선 30대 왕 선조 임금 당시인 1592년부터 1598년까지 일본의 도요토미 히데요시가 두 차례나 우리나라를 침략했습니다. 임진왜란과 정유재란이 그것입니다. 임진왜란은 임진년

(1592년)에 왜(일본)가 일으킨 난리이고, 정유재란은 정유년(1597년)에 다시 일으킨 난리라는 뜻입니다.

　이 기간 동안 왜군에 의해 수많은 조선 사람이 학살당했습니다. 왜군은 공을 인정받기 위해서 조선인의 코와 귀를 베어 소금에 절인 뒤 일본으로 보냈다고 합니다. 일본에는 지금도 당시 조선인의 코무덤, 귀무덤이 남아 있습니다.

　왜군은 이렇게 조선 백성들을 무차별로 학살하는 것은 물론 산도 마을도 불태웠습니다. 조선의 문화재를 불태우고, 서적도 가져가고, 많은 도공을 비롯한 기술자들을 납치해 갔습니다.

　정유재란 당시 선조는 12척밖에 안 되는 배로 싸워 봤자 별수 없으니, 바다를 포기하고 육지로 올라가 싸우라는 명령까지 내렸습니다. 그러나 이순신 장군은 "신에게는 아직 12척의 배가 남아 있습니다" 하며 바다를 지킬 의지를 다집니다. 이순신 장군은 삼도수군통제사로 복귀했을 때부터 스스로의 힘으로 식량을 얻고 흩어진 병사를 모아 조선 수군을 재건했습니다.

　고기를 잡고 조개를 캐는 백성들에게 "물이 소용돌이 쳐서 들어가면 반드시 배가 뒤집히는 곳, 어느 여울은 암초가 숨어 있어 그쪽으로 가면 배가 부서진다"는 등의 이야기를 들으며 울돌목의 지형을 익혔습니다. 울돌목은 시속 20km에 이를 만큼 물살이 빠르고 파도가 거센 해역입니다. 이순신 장군은 이런 해류의 특징을 미리 익히고 왜군 배를 유인해서 빛나는 승리로 이끌었습니다. 역사에 길이 남을 '명량 대첩'입니다.

더 읽어 보세요

《열두 살의 임진왜란》 황혜영 지음, 장선환 그림, 아울북, 2020
12살 봄이를 중심으로 인진애란 당시를 살아가는 사람들의 생활을 상상력을 더해 그린 동화예요.

《이순신 길을 걷는 아이들》 김목 글·사진, 현북스, 2022
윤민, 세민 두 어린이가 할아버지와 함께 남도길을 걸으면서 명량 대첩을 승리로 이끈 이순신 장군의 행적과 조선 수군 재건에 관련한 일화들을 생생하게 전하는 내용이에요.

3. 정조의 사상과 철학을 담은 건축물

《수원 화성》
김진섭 글, 김병하 그림, 웅진주니어, 2012

그림책을 병풍처럼 펼쳐 볼 수 있도록 만들었어요.
병풍 앞쪽 면에서는 수원 화성의 축성 과정과 수원이 변화하는
모습을 보여 줍니다. 뒷면에서는 수원 화성 내 각 건축물의
모양과 이름, 쓰임새를 소상하게 알려 줍니다.

책을 펼치면 첫 그림은 수원을 한눈에 볼 수 있는 화면으로 구성하였습니다. 산 아래 푸르고 너른 들판에 사방으로 이어지는 길이 뻗쳐 있습니다. 그곳은 사람들이 모이고 흩어지고, 물건을 사고팔기에 적절합니다. 농사지을 땅도 넉넉합니다.

수원 화성은 조선 22대 왕 정조가 축성하였습니다. 정조는 백성들이 평화롭게 살 수 있는 나라를 만들기 위해 수원 팔달산 등성이를 따라 성을 쌓고, 한양에 버금가는 큰 도시를 만들기로 합니다.

마침내 1794년 음력 1월 15일 화성을 쌓기 시작합니다. 양쪽 페이지를 가득 메운 그림에서 볼 수 있듯이 22가지 직종의 1,800여 명 사람들이 모여 화성을 축성하는 모습을 볼 수 있습니다. 돌을 들어 올리는 사람, 돌을 깨는 사람, 소를 이용해서 수레로 돌을 나르는 사람, 거중기와 녹로로 돌을 들어 올리는 사람, 땅을 파는 사람 등 저마다 기량을 발휘하고 있습니다. 옛날엔 나라에서 동원하는 일에는 백성들에게 품삯을 주지 않았습니다. 하지만 정조 임금은 성곽 건축에 참여하는 일꾼들에게 일한 만큼 품삯을 주고, 더위와 추위를 피하면서 일하도록 배려했습니다.

　정조는 성이 모양을 갖추어 가자 어머니 회갑 잔치를 하고 아버지 사도세자의 무덤을 찾아 위로하기 위해서 신하와 군사들을 이끌고 화성에 들어섰습니다.
　정조는 네 개의 각루 중 정자이면서 군사 지휘소인 방화수류정에 올라 튼튼한 성과 기름진 들판을 보며 백성들이 살기 좋은 곳으로 변화해 가는 모습에 만족해했습니다.
　수원은 초가집 몇 채 밖에 없는 가난한 시골 마을에서 거리에 점포가 가득하고 전국에서 모여든 장사꾼들이 붐비는 상업 도시가 되어 가고 있었습니다. 아랫녘에서 올라온 물건들은 한양으로 팔려가고, 한양에서 온 물건들은 아랫녘으로 팔려갔습니다.
　정조는 밤이 되자 성이 한눈에 보이는 서장대에서 올랐습니다. 성문 안쪽에서는 왕의 호위무사들인 장용영 군사들이 도열해 있고, 성문 밖에도 군사들이 겹겹으로 지키고 있습니다. 성은 대포와 총에도 끄떡없을 만큼 견고했습니다. 정조는 이곳에서 군사 훈련을 했습니다. 백성들은 집집마다 불을 밝혀 마치 축제가 벌어지는 듯합니다.

정조는 성이 완성되고 4년 만에 세상을 떠나서 자신의 꿈을 미처 펼쳐 보지도 못했습니다. 정조의 꿈을 품은 수원 화성은 많은 사람들이 모여 사는 커다란 도시가 되어 오늘에 이릅니다.

정조가 수원 화성을 쌓은 까닭

정조의 아버지 사도세자는 세자에 책봉되었으나 당파 싸움에 휘말려 왕위에 오르지 못하고, 뒤주 속에서 비극적으로 생을 마감합니다.

할아버지 영조의 뒤를 이어 왕위에 오른 정조가 수원 화성을 계획한 것은 당파 싸움의 희생양이 되어 억울하게 세상을 떠난 아버지 묘를 이장하고자 하는 목적이 컸습니다. 정조는 당파로 나뉘어 세력 다툼을 벌이는 양반들에게 휘둘리지 않는 강력한 힘을 가진 왕이 되어야 한다고 생각했습니다. 이와 함께 백성들이 살기 좋은 나라를 만들기 위해서는 군사적으로 힘이 있는 나라, 경제적으로 힘이 있는 나라를 만들어야 한다고 생각했습니다. 바로 수원 화성을 건축하기로 한 까닭이었습니다.

정조는 수원 화성을 축성하기 위해 당시에 가장 앞선 기술을 도입하고, 각 분야 전문가들을 불러들였습니다. 화성을 쌓기 시작한 때 그림을 자세히 보면, 당시로서는 첨단 장비인 거중기를 사용하여 무거운 돌을 들어 올리는 모습을 볼 수 있습니다. 거중기는 1792년 실학자 정약용이 정조의 명을 받아 도르래 원리를 이용하여 무거운 것을 들어올리기 위해 만든 기계입니다. 화성은 이렇게 앞선 기술과 선진적인 기계를 이용해서 조선 성이 갖는 특성에 견고함과 아름다움을 두루 갖추어 나가며 성 모양을 완성해 갑니다.

책 장면을 계속 넘기다 보면 구불구불 이어지는 단단한 성과 웬만한 화포에도 끄떡없는 견고한 성이 아름답게 모양을 갖추어 가는 것을 볼 수 있습니다. 그 성에 온갖 물건들이 쌓여 있고, 많은 장사꾼들이 물건을 사고팔며 거리를 가득 메우고 있습니다. 정조가 꿈꾸고 계획한 대로 상업 도시로 변화하고 발전하는 모습을 볼 수 있습니다.

> 수원 화성은 이렇게 앞선 기술과 선진적인 기계를 이용해서 조선 성이 갖는 특성에 견고함과 아름다움을 두루 갖추어 나가며 성 모양을 완성해 갑니다.

정조는 강력한 왕의 권위를 세우고자 했습니다. 왕의 호위 부대인 5,000여 명 장용영 군사들이 총과 칼을 들고 왕을 중심으로 하여 훈련하는 모습, 성 안팎을 지키는 군사들 모습에서 신하들 위세에 두려워하던 정조 임금의 모습은 볼 수 없습니다.

수원 화성은 미적 가치는 물론, 정치, 문화, 군사적 기능을 담은 정조의 개혁 정치의 총체를 보여 줍니다. 그것은 한 나라의 임금이 갖는 꿈이 당대는 물론 후세에 이르러서도 가치를 지니는 건축물다운 의미를 담고 있습니다.

세계문화유산, 수원 화성과 정약용

정조는 당파 싸움을 뿌리 뽑고 강력한 왕의 권위를 세우고, 백성들이 편안하게 살 수 있는 도시를 건설하겠다는 계획을 품고 당시 조선에서 최고 학자였던 정약용에게 도시 설계를 맡깁니다. 정약용은 조선 최고 실학자이자 《목민심서》 저자로도 잘 알려져 있습니다.

정조와 마찬가지로 백성들이 고루 잘사는 나라를 꿈꾸었던 정약용은 넓은 지식과 백성을 사랑하는 마음이 정조의 마음에 닿아 깊은 신임을 얻었고, 수원 화성을 건설할 때 중심 역할을 합니다. 정약용은 서양의 기술과 중국은 물론 동양의 책까지 섭렵하며 수원 화성 축성에 큰 역할을 합니다. 정약용은 적은 힘으로 무거운 물건을 들어 올리는 도르래 원리를 이용한 거중기를 만들어 화성 축성에 사용합니다. 그 덕분에 화성 축성 기간을 앞당겼을 뿐만 아니라, 공사에 참여한 사람들의 어려움을 크게 덜어 주었다고 합니다.

수원 화성을 건설하고 그 과정을 《화성성역의궤》로 남겼습니다. 화성 축성 계획부터 참여한 사람들의 인적 사항, 사용한 재료와 그 출처 및 용도, 예산과 임금, 사용한 기계, 재료를 다룬 방법, 축성 일지 등을 꼼꼼하게 기록한 책입니다.

《화성성역의궤》 덕분에 화성을 지키려는 수원 시민들이 일제강점기와 6·25 전쟁을 겪으면서 무너진 성곽을 대부분 원래 모습으로 복원할 수 있었고, 그 가치를 인정받아서 1997년 유네스코 세계문화유산에 등록될 수 있었습니다.

더 읽어 보세요

《사도세자의 슬픔》 이규희 글, 이수현 그림, 좋은꿈, 2015
영조는 마흔둘에 아들 사도세자를 잃게 돼요. 노론과 소론 등 정치적 갈등 속에서 뒤주에 갇혀 숨져 간 사도세자 이야기를 담았어요.

《세계문화유산 화성을 지킨 사람들》 이창숙 글, 현북스, 2020
세계문화유산에 등재된 우리나라 보물 수원 화성은 일제 침략과 6·25 전쟁을 겪으면서 많이 훼손되었어요. 6·25 전쟁 후 경제개발 과정에서 아예 없어질 뻔도 했어요. 그러나 수많은 사람들이 애써서 지켜 내고 원래 모습으로 살려 낸 역사를 다루는 책이에요.

《한 권으로 남은 정조의 한글 편지》 황은주 글, 한수언 그림, 책상자, 2021
부모에게 효도하고 백성을 사랑했던 정조의 면모가 담긴 편지 모음이에요. 정조의 어머니 혜경궁 홍씨가 엮었어요.

4. 중국 땅으로 쫓겨난 우리 민족 후예, 조선족

《폭죽소리》
리혜선 글, 이담 그림, 길벗어린이, 1996 초판

우리가 조선족이라고 부르는 사람들이 있어요.
그들은 우리가 지나온 굴곡진 역사를 거치는 동안
남의 나라에서 살아갈 수밖에 없었어요. 이 그림책은
그 까닭을 주인공 옥희 이야기를 통해 전해요.

"하늬바람이 울부짖는 1884년 겨울이었다."

이 책의 이야기는 이렇게 시작됩니다. 그해 갑신정변이 일어났고, 뒤이어 동학혁명(1894년)이 일어나는 등 어수선하던 시기입니다. 조선 농민들은 흉년과 양반들의 수탈, 외세의 횡포 등으로 가난에 시달렸습니다. 많은 사람이 도망치듯 조선을 떠나 청나라로 옮겨 갔습니다. 그들 속에 옥희 부모도 있었을 것입니다.

옥희는 부모님과 함께 청국인 기와집이 모여 있는 마을의 어떤 집 창고로 들어와 잠을 잤습니다. 그리고 아침에 눈을 떠 보니 옥희 혼자만 남겨져 있었습니다. 옥희는 그렇게 낯선 곳에서 청국인 왕씨 부부, 그 딸들과 마주하게 됩니다.

왕씨는 옥희를 씨앗 한 됫박에 사왔다고 사랑하듯 말하고, 왕씨 부인은 말라빠진 아이라는 뜻의 '써우즈'라고 부르며 얼굴을 찡그렸습니다. 왕씨네 쌍둥이 딸들은 옥희의 옷차림이 이상하다고, 거지라고, 놀리고 꼬집었습니다. 낯선 곳에서 홀로 서 있는 옥희 앞날이 예상되는 첫 장면입니다.

왕씨 부인은 옥희가 밥만 축낼까 봐 끊임없이 일을 시켰습니다. 옥희는 노망난 할머니 수발은 물론 온갖 궂은일을 해야 했습니다. 왕씨 딸들은 옥희가 제기를 잘 찬다고 시샘하고 모래를 뿌렸습니다. 그러다 물건을 훔쳤다는 누명을 쓰고 왕씨 부인에게 매를 맞고 쫓겨나기도 합니다. 그런 고난을 겪으면서도 옥희는 자신이 태어나고 자란 조선을 잊지 않았습니다.

그렇게 두 해가 지나고 열다섯 예쁜 소녀로 자란 옥희는 뒷집에 사는 동무 밍밍에게 놀라운 소식을 듣게 됩니다. 멀지 않은 곳에 엄마처럼 치마저고리를 입은 사람들이 모여 사는 곳이 있다는 소식입니다. 화창한 봄날 밤 옥희는 작은 보따리 하나만 들고 아무도 모르게 중국인 왕씨 집을 떠납니다.

세월은 쉼 없이 흘러 자그만 분지는 쥐불놀이를 하던 개간민들이 물밀 듯 들어와 항야를 태우는 연기로 지욱했습니다. 사람들은 '연기가 많은 곳'이라고 그곳 남강을 '옌지(燃集)'라고 부르다가, 나중에 글자만 바꾸어 '얜지(延吉)'라고 불렀습니다. 두만강을 건너온 사람들은 그곳에 조선족 자치주를 세우고, 한복을 입고, 우리말을 하며 살아갔습니다.

옥희의 후예들인 조선족들입니다. 그들은 역사의 수레바퀴에 밀려 다른 나라에서 이방인으로 살아가면서도 자신이 조선인이라는 사실을 잊지 않고, 자신이 조선인이라는 정체성을 지키며 살아간 한민족의 후예들입니다.

우리 민족이 만주로 쫓겨나던 시대 이야기

이 그림책은 밀납을 긁어서 그 위에 물감을 덧바르는 방식으로 중국 특유의 정서를 느끼게 합니다. 바탕색을 이루는 붉은색과 중국인들의 복장, 이야기의 시작 장면에서 만나는 견고하면서도 묵직하고 완강함이 느껴지는 대문 등에서 오랜 시간 동안 쌓아 온 그들만의 문화와 정서가 느껴집니다.

그런 속에서도 옥희는 낯선 청국 땅에서 마치 두터운 콘크리트를 뚫고 나오는 풀잎처럼 자신의 뿌리를 지켜 나갑니다. 옥희가 왕씨 집에 올 때부터 입고 있던 연두색 치마저고리를 입는 모습부터가 그렇습니다. 그림은 계속해서 청국인들의 의식주 전반을 두루 보여 줍니다. 옷차림, 제사상에 그려진 이미지, 조상신 모습, 옥희를 팔기 위해 시장에 나갔을 때 모여든 중국 사람들 모습 등.

옥희는 중국 아이 밍밍과 주거니 받거니 위모첼을 찰 때도

'쩨꺼'라는 말을 '제기'로 알아듣습니다. 돈뭉치를 가져갔다는 누명을 쓰고 남강에서 팔려갈 상황에서도 주변에 자기와 비슷한 사람이 있는가를 먼저 찾습니다.

옥희는 자신을 둘러싼 청국 문화 속에서도 조선 아이 모습을 잃지 않습니다. 그것은 옥희가 지켜내고 싶은, 지켜내야 할 조선 아이로서 정체성과 자존심을 나타내는 것입니다.

이 그림책에서 절정은 또다시 찾아온 설을 맞아 중국 아이들이 폭죽놀이를 하는 장면입니다. 중국 아이들 넷이 하는 불꽃이 번쩍이는 폭죽놀이가 화면을 가득 채웁니다. 옥희는 그것을 보고 조선에서 하던 쥐불놀이를 떠올립니다. 밭두렁이 온통 불천지가 되는 쥐불놀이는 신나는 놀이이자 논두렁 밭두렁의 벌레들을 태워서 다가올 농사를 준비하는 일이기도 했습니다. 중국 아이들이 옥희의 말에 따라 밭두렁에 불을 놓고 얼굴에 검댕을 묻히며 실컷 웃는데, 마치 조선 아이들을 보는 것 같습니다.

시간이 지나면서 옥희는 청국 사람 옷차림으로 바뀌었으나, 옥희는 멀지 않은 곳에 엄마를 닮은 조선옷을 입은 사람

> 옥희는 자신을 둘러싼 청국 문화 속에서도 조선 아이 모습을 잃지 않습니다. 그것은 옥희가 지켜내고 싶은, 지켜내야 할 조선 아이로서 정체성과 자존심을 나타내는 것입니다.

들이 산다는 것을 알고 그곳을 향해 집을 나섭니다. 이 모습에서 이국땅에서 혼자가 아닌 누군가와 함께 조선의 정신과 문화를 지키며 살아간 조선족들을 생각하게 합니다.

조선족이라 부르는 사람들

조선 후기 사회는 안팎으로 여러 가지 변화가 많은 시기였습니다. 안으로는 낡은 봉건체제의 틀을 벗어나 자본주의 근대 사회로 나아가려는 정치, 사회적 요구가 일어났습니다. 밖으로는 서구 자본주의 열강들이 아시아에 힘을 뻗치며 무력으로 통상을 요구하고 침략의 위협을 높이고 있었습니다.

대원군의 쇄국정책이 무너지고, 강화도조약(1876년), 임오군란(1882년), 제물포조약(1882년), 갑신정변(1884년)이 청일전쟁(1894년)으로 이어집니다. 강대국들은 약소국 침략에 혈안이 되어 있었습니다. 하지만 조선시대 양반들은 이런 세계정세를 읽지 못하고, 권력 다툼에 여념이 없었습니다. 결국 조선은 청일전쟁에서 승리한 일본의 식민지로 전락합니다.

이 동화의 배경이 되는 청나라는 1616년에 건국하여 1912년에 멸망한 중국의 마지막 왕조입니다. 중국 동북지방의 지린성(길림), 랴오닝성(요동), 헤이룽장성(흑룡강) 등 동북 3성과 연변 등 지역에는 200여만 명쯤 되는 한민족이 살았습니다. 그들은 탐관오리들의 혹독한 수탈과 계속되는 흉년과 재해를 피해서, 땅이 비옥하여 농사짓기 좋다는 북간도 지방으로 이주하기 시작합니다.

일제강점기에는 일본의 수탈을 피해 역시 많은 사람들이 만주로 옮겨 갑니다. 그렇게 옮겨 간 사람들 중에는 해방을 맞아 고국으로 돌아오기도 했지만, 그곳에 남아 뿌리를 내리고 살아가는 사람들 또한 적지 않았습니다. 우리가 조선족이라 부르는 사람들입니다.

현재 우리는 곳곳에서 조선족이라고 부르는 사람들을 만나게 됩니다. 그런데 대체로 그들에 대해 낯설어 합니다. 억양이나 생활 습관 등이 우리와 좀 다르기 때문일 것입니다. 생각해 보면 그들은 청나라로 옮겨 갔던 초창기 독립운동가의 자손일 수도 있고, 일제 탄압에 고통스러운 역사를 살아가면서도 조선인으로 살아 온 우리 민족일 수도 있습니다. 그들이 역사의 희생자들이라는 사실을 기억하면 좋겠습니다.

더 읽어 보세요

《사과배 아이들》 리혜선 지음, 이영경 그림, 웅진주니어, 2006
1908년 일제 침탈기에 조선인들이 청국으로 이주하면서 가져온 사과를 배에 접붙여 살려낸 조선족들 수난사예요.

《재미네골》 중국 조선족 설화, 재미마주 편집부 글, 홍성찬 그림, 재미마주, 2003
이야기와 소리로 우리 조상들이 살아가는 모습을 상세하게 그린 그림책으로, 판소리 CD가 포함되어 있어요.

5. 100년 전 일제를 피해 북간도로 간 사람들

《고만녜》
문영미 글, 김진화 그림, 보림, 2012

이 그림책은 여성이 제대로 대접받지 못하던 남성 중심 사회에서 태어나 교육 기회조차 가질 수 없었던 할머니 '고만녜'가 빛나는 역사 주체로서 거듭나는 과정을 그려 보이고 있어요.

이 그림책 주인공 '고만녜'는 다섯 살 되던 해, 1899년 2월 어른들 손을 잡고 북간도로 따라갔습니다. 이야기가 시작되는 첫 장면에서 보여 주듯 소달구지에 짐을 가득 싣고 그 위에 올라탄 아이들, 마차를 끄는 사람들, 짐을 머리에 이고 진 사람들과 눈 내리는 길을 걸어서 낯선 땅으로 옮겨갔습니다. 춥고 먼 길이었습니다.

북간도는 매서운 추위 때문에 소나 닭 같은 가축들이 집 안에서 함께 삽니다.

고만녜는 밤늦도록 엄마가 들려주는 옛 이야기를 들으며 옷감을 짰습니다. 고만녜는 친척 언니가 읽어 준 춘향전을 직접 읽고 싶어서 글을 배우고 싶었습니다. 하지만 아버지는 서당 훈장인데도 고만녜가 딸이라고 공부시키지 않았습니다.

고만녜는 아버지 몰래 신식 학교에 다니는 일곱 살 남동생 진국이에게 집안일 하는 틈틈이 글을 배웠습니다. 글은 배웠지만 책을 구하기가 너무 어려웠습니다. 고만녜는 호박씨를 까서 팔아 어렵게 마련한 돈으로 마을에 돌아다니는 중국 상인에게 겨우 책을 구해 읽으며 세상을 배워 나갔습니다.

드디어 명동촌에 여학교가 생겼습니다. 고만녜는 여학생이 될 꿈에 젖었지만, 당시 조혼 풍습에 따라 열일곱 살에 얼굴도 모르는 한 살 아래 중학생과 혼인해야 했습니다.

고만녜 결혼식 사진을 보면 양복, 두루마기, 중학생 교복 등을 입고 상고머리를 한 사람들이 모여 있습니다. 누군가 새 색시 고만녜에게 "을지문덕, 이순신 같은 아들을 낳아라!" 하며 덕담을 하던 시대입니다.

다행스럽게도 고만녜는 고된 시집살이 가운데서도 시아버지 덕분에 여학교에 갈 수 있었습니다. 여학교의 정재면 선생님은 "나라는 백성을 위해 있는 것이다. 나라가 잘 서려면 백성은 나라를 위해 몸을 바칠 수 있어야 한다"는 말씀을 들려주며 나라사랑 정신을 가르쳐 주었습니다. 또 이름이 없는 여학생들에게 새 이름을 짓자고 했습니다. 그래서 고만녜에게는 친정오빠 진묵과 비슷한 '김신묵'이라는 이름을 지어 주었습니다.

그 후 '동쪽을 밝히는 등불' 명동학교에서 언제나 조국 광복을 위해 배우는 마음을 간직하라는 가르침을 잊지 않고 3년을 학교에 다니고 졸업한 뒤, 아들딸을 여덟이나 낳아서 키

읍니다. 그 아들딸 중에는 우리나라 통일 운동과 민주화 운동을 이끈 문익환 목사님, 문동환 목사님도 있습니다.

100여 년 전 북간도 이야기

《고만녜》는 이런 우리 역사를 배경으로 하여 100여 년 전 우리 민족이 북간도로 이주해서 살아간 모습, 생활환경, 교육환경, 여성에 대한 존재를 인식하지 않은 가운데서도 어린 소녀가 배우고 공부하기를 멈추지 않으며 성장하여 당대를 빛내는 역사의 주인으로 살아간 모습을 그립니다.

책을 펼치면 스프링 노트가 나오는데, 마치 누군가의 비밀 노트를 훔쳐보는 듯한 긴장감이 차오릅니다.

화가 김진화 작가는 낮은 채도로 차분하면서 예스런 분위기로 콜라주와 크레파스를 번갈아 사용하고, 말풍선과 손 글씨를 이용하여 담백하면서도 친근한 분위기로 100여 년 전 북간도에서 살아간 고만녜 가족의 삶을 그립니다.

인물들 얼굴은 사진으로, 옷차림은 크레파스와 연필로 쓱 쓱 그린 듯한 그림으로 친근감을 자아냅니다. 말풍선과 손 글씨로 각 인물들 특징을 짧은 글과 그림으로 소박하면서 담백하게 표현하고, 주변 배경은 콜라주로 표현하여 내 주변 어딘가에서 만날 것 같은 느낌으로 다가옵니다.

고만녜 가족들을 보여 주는 펼침 화면에서 고만녜가 가장 중심에 자리 잡고 다른 가족들은 바깥으로 배치하여, 주인공이 고만녜라는 것을 알 수 있습니다.

고만녜는 아들 셋에 딸 여섯인 아홉 남매 가운데 다섯째 딸입니다. 딸은 고만 낳으라는 뜻으로 지어진 이름입니다. 딸들은 이렇게 태어난 순서나 생김새에 따라 이름이 지어졌습니다. 일곱째는 또 딸이라 내던졌다고 하여 데진녜입니다. 옛날 어른들 이름을 보면 얌전이, 곱단이 등으로 불리다 혼인하면 회령댁, 임실댁 등으로 불리는 것처럼 여성들을 존중하지 않았던 시절 이야기입니다.

《고만녜》는 여성 인물 이야기이자 역사 이야기 그림책입니다. 그렇다고 고만녜에 대한 훌륭한 점을 강조하거나 칭찬하는 데 집중하지 않습니다. 여성을 존중하지 않았던 남성 중심

> 지금으로부터 100여 년 전에 백두산 동북쪽 두만강 너머에 한반도와 맞닿아 있는 북간도가 있었어요. 그곳은 일제 탄압을 피해 우리 땅에서 옮겨간 사람들이 살았던 곳이에요.

사회에서도 부지런히 배우기를 멈추지 않으며 삶의 주인으로, 역사의 주인으로 살아간 여성 고만녜를 통해서 당대 역사를 살아간 보통 사람들이 곧 역사의 주인이라는 것을 말해 주는 그림책입니다.

작가 문영미는 문동환 목사님 딸이고, 김신묵 할머니인 고만녜의 손녀입니다. 문영미 작가는 할머니를 통해 여성이 제대로 대접받지 못하던 남성 중심 사회에서 태어나 교육 기회조차 가질 수 없었던 할머니 '고만녜'가 빛나는 역사 주체로서 거듭나는 과정을 그려 보였습니다.

동방을 밝히는 마을, 명동촌

백두산 동북쪽, 두만강을 사이에 두고 북한과 접해 있고 동쪽은 러시아 연해주와 닿아 있는 북부 만주 땅이 있습니다. 지금은 중국 길림성의 연변 조선족 자치주입니다. 그곳은 옛날 고구려 땅이었고, 발해 영토였습니다.

100여 년 전 우리 조상들은 흉년과 일제 침략에 쫓겨 많은 사람들이 북간도로 이주합니다. 그 가운데는 일제에 맞서 나라를 되찾고자 하는 독립운동가들이 있어 항일 독립전쟁의 거점이 된 곳이기도 합니다.

중국 길림성 용정시에 위치한 명동촌은 북간도 일대에서 대표적인 조선족 마을 가운데 하나였습니다. 명동이라는 이름부터가 일제 침략으로 기울어 가는 조국의 운명을 바로 세워서 '동방을 밝히는 곳(明東)'이 되겠다는 의미를 담아 지은 것입니다.

명동촌 사람들은 1908년 근대식 학교인 명동학교를 세웁니다. 명동학교는 잇따라 중학교와 여학교를 설립하면서 민족 교육의 중심지로 발전하였습니다. 저항시인 윤동주를 비롯해 해방 후 우리나라 통일 운동과 민주화의 불꽃이 되었던 문익환, 문동환 등 북간도의 후예들을 배출했습니다.

1909년에 정재면은 명동촌 사람들에게 기독교 정신을 심어 주고 민족주의 정신을 키우기 위해서 명동교회를 세웁니다. 1917년에는 교인이 700여 명에 이를 만큼 발전하여 한인 사회 구심점 역할을 하는 한편, 중국 북간도 지역 항일 독립 교육 운동의 중심지로 자리하였습니다.

명동촌은 빼앗긴 나라를 되찾기 위해 우리나라에서 이주한 북간도 사람들이 민족 교육과 기독교 교육을 통해 항일 운동과 기독교 교육 운동을 펼친 곳입니다.

더 읽어 보세요

《갈테야 목사님》 조은수 글그림, 웅진주니어, 2010
통일 운동가 문익환 목사님이 통일을 이루기 위해 멀고 험한 길을 포기하시 않았던 삶을 그린 골라주 그림책이에요.

《민들레 피리》 윤동주·윤일주 지음, 조안빈 그림, 창비, 2017
윤동주 탄생 100주년 기념 동시집으로, 윤동주와 윤일주 형제가 쓴 동시를 한 책에서 읽을 수 있어요.

6. 일제강점기를 살아간 아이들

《나비를 잡는 아버지》
현덕 글, 김환영 그림, 길벗어린이, 2001 초판/2021 개정판

일제강점기를 배경으로 신분이 다르다는 이유만으로
자존심을 짓밟히는 아이, 신분이 다르다는 이유만으로
이런 아들을 대신해서 나비를 잡는 아버지가 겪는
아픔을 만날 수 있어요.

바우와 경환이는 같은 소학교를 졸업했습니다. 아버지가 마름인 경환이는 서울로 유학을 갔습니다. 바우는 아버지가 가난한 소작농이라서 경환이보다 공부를 잘 했지만 상급 학교 진학을 포기하고 농사를 짓습니다.

바우는 서울에서 공부하며 나날이 발전하는 경환이에 비해 희망 없이 농사나 지으며 살아가는 자신의 현실이 속상하지만, 나비를 잡아 좋아하는 그림을 그리며 달랩니다.

경환이는 방학을 맞아 집에 와서 소학교 때 성적으로 눌리던 바우에게 뻐기듯 온갖 자랑을 합니다. 그러고는 방학숙제로 나비를 잡는다고 모자를 삐딱하게 쓰고 경망스러운 몸짓으로 유행가를 부르며 아이들과 함께 쏘다닙니다.

바우는 소를 돌보던 중 날아온 호랑나비를 잡아 찬란한 빛깔을 들여다보다가 날려 보내려는데 경환이가 나타나 달라고 합니다. 하지만 바우는 "나비 잡기 시작한 지가 며칠인데 나 같으면 백 마리는 잡았겠다"며 조롱합니다. 경환이는 낯을 붉히며 '소작인 주제에 어따 대고 마름집 외아들에게 이래라저래라냐, 이 동네에서 나 하는 거 시비 거는 사람 없는데, 건방지게'라는 뜻으로 빈정거립니다.

바우는 나비를 줄 듯하다가 그대로 날려 버립니다. 나비를 쫓다가 놓치고 돌아간 경환이는 다음날 한참 익어 가는 바우네 참외밭을 구둣발로 짓밟아 결판을 냅니다. 이 일로 두 아이는 한바탕 몸싸움을 벌입니다.

그 뒤 바우 엄마는 경환이네 집에 불려갑니다. 바우는 잘못한 게 없다고 스스로를 달래면서도 불안합니다. 결딴난 참외밭을 보고 온 아버지는 바우를 몰아붙입니다. "늙은 애비가 힘들게 농사짓는데, 농사가 안 되어도 도지는 꼬박 내야 하는데 어쩌자고 참외밭에서 싸움질이냐"는 것입니다. 아버지도 바우 잘못이 아니란 것을 압니다. 하지만 마름의 아들을 나무랄 수 없으니 아들을 잡을 수밖에요.

경환이 집에 불려갔다 온 어머니는 말을 전합니다. "소작인 따위가 내 아들 멱살을 잡은 사실"에 분개하며 "바우가 나비를 잡아가지고 와서 빌지 않으면 땅을 떼겠다"고 불호령이랍니다. 바우는 어머니 아버지가 땅을 떼일 것만 걱정하고, 경환이에게 나비를 잡아가지고 가서 빌라는 부모가 야속하기만 합니다.

그래서 바우는 뒷산에 올라가 앞날에 대한 고민을 하다가

산에서 내려오던 중 건너편 메밀밭에서 아버지가 성치 않은 다리로 나비를 잡고 있는 것을 발견하게 됩니다. 바우는 자식들과 먹고살아야 하는 현실 때문에 고집불통 아들을 대신해서 나비를 잡는 아버지에 대한 미안함과 애정이 쏟아집니다. 그래서 아버지를 소리쳐 부르며 달려가 아버지 농립을 받아 들고 나비를 잡기 시작합니다.

자기 삶의 주인으로 우뚝 서 가는 소년

이 작품은 월북 작가 현덕이 쓴 소년소설로, 이 작품에는 우리가 보통 생각하는 역사적 사건이랄 것은 없습니다. 하지만 1930년대 일제 지배하에서 살아간 농민들이 겪은 시대의 아픔을 읽을 수 있습니다.

이 당시 일제는 온갖 이유로 조선 농민들에게 목숨 줄 같은 땅을 빼앗고, 애써 지은 농작물도 빼앗아 갔습니다. 그리고 조선 사람을 내세워 조선 농민을 관리했습니다. 즉, 경환이 아버지 같은 마름은 조선 농민들 위에 군림하면서 일본인 못지않게 위세를 부렸습니다. 그래서 이 그림책은 일제강점기를 배경으로 하고 있지만 일본인이 조선인을 괴롭히거나 농산물을 수탈해 가거나, 조선인을 잡아가는 모습이 나오지 않습니다. 경환이 아버지 같은 마름이 그 역할을 대신하기 때문입니다.

글 작가 현덕은 일본인을 등에 업고 조선 농민 위에 군림하는 마름과 가난한 소작농의 갈등에다 바우와 아버지의 갈등과 화해 과정을 그려 나갑니다.

그림 작가 김환영은 먹물로 농담을 조절하며 상상으로만 그려 보던 가난한 농촌 마을과 그곳에서 일제에 억눌리며 살아가는 농민 현실을 사실적으로 묘사하는 담백한 그림으로 경환에게 자존심이 짓밟힌 바우 마음을 찰떡같이 보여 줍니다.

2001년 초판 표지 그림은 경환이에게 짓밟힌 자존심에 아버지에게까지 질책당하고 동네 뒷산에 올라 자신의 앞날에 대해 고민하는 바우 모습을 보여 줍니다. 2021년 20주년 기념 개정판 표지는 바우와 경환이가 서로 얼굴을 들이대고 극한 대립을 하는 그림입니다. 또 개정판 본문에는 초판에는 없던 그림 몇 장면을 추가합니다. 그것은 바우가 놓인 현실을 더 비중 있게 다가오게 합니다.

> 이 그림책은 일제강점기를 배경으로 하고 있지만
> 일본인이 조선인을 괴롭히거나 농산물을 수탈해 가거나,
> 조선인을 잡아가는 모습이 나오지 않아요. 경환이 아버지 같은
> 조선인 마름이 그 역할을 대신했기 때문이에요.

그림 작가 김환영은 작품 속 성격에 맞는 캐릭터로 이야기의 긴장감을 한층 끌어올립니다. 호리호리한 몸매에 삐딱하게 쓴 모자, 호박씨 같은 눈매의 경망스러운 경환이 모습이 일본인 이미지를 떠올리게 한다면, 짙은 송충이 눈썹, 부리부리한 눈매, 투박한 몸에 고집스럽고 자존심 강한 바우는 우직하고 강인한 조선인의 성격을 나타냅니다.

더구나 '호미를 들고 꾸벅꾸벅 땅이나 파는' 바우 모습, 송아지가 풀을 뜯는 벌판, 가난한 바우네 초가집 등을 먹으로 농도를 조절하는 모노톤 색상은 가난하지만 진실한 조선 농민들 현실을 생생하게 대변합니다.

특히 마지막에 펼침 화면으로 보여 주는 넓은 메밀밭 장면은 감동적입니다. 이곳에서 고집불통 아들을 대신하여 농립을 벗어들고 성치 않은 몸으로 나비를 잡는 아버지, 그리고

극적으로 화해하는 장면은 바우가 아버지와 함께 현실을 뚜벅뚜벅 이겨 나갈 거라는 믿음을 줍니다.

일제강점기 조선 농민들

일제는 1910년에 우리나라를 빼앗고 '토지조사사업'(1910~1918년)을 벌여 수많은 조선 농민의 토지를 강제로 빼앗았습니다. 농민에게 땅은 농사를 지어 자식을 키우고 먹고살아 가는 수단으로 목숨만큼이나 소중한 것이었습니다.

일제는 그렇게 조선 농민들 땅을 빼앗고, 1920년부터 1934년에 두 차례에 걸친 '산미 증식' 사업을 벌여 우리 농민들이 피땀 흘려 지은 쌀을 공출미라는 이름으로 빼앗아 갔습니다. 그 때문에 조선 농민들은 애써 농사를 지어도 늘 배고픔에 시달려야 했습니다.

일본인 지주들은 조선인 '마름'을 중간 관리인으로 두었습니다. 조선인 마름들은 농민들에게 소작료를 징수하는 것은 물론 소작인을 평가하여 땅을 빌려 주기도 하고, 여러 이유를 들어 빌려 준 땅을 빼앗기도 하며 농민들 위에 군림하였습니다. 무엇보다 소작 기간을 따로 계약하지 않고 지주나 마름들이 마음대로 주거나 빼앗았습니다.

소작농은 언제라도 땅을 빼앗기고 소작지에서 쫓겨나는 불안정한 상태가 됩니다. 소작료는 수확량의 절반으로 하는 것이 관행이었지만, 지주와 소작인이 6:4로 하는 경우도 있었습니다.

조선 농민들이 가난에 빠지고, 농민의 자식들은 공부를 시키지 못하고 앞날에 대한 희망도 갖지 못한 채 살아가게 된 원인입니다. 바우가 경환이보다 공부를 잘 했는데도 학교에 가지 못한 이유, 사소한 이유로 바우가 자존심을 짓밟힐 수밖에 없었던 까닭입니다.

더 읽어 보세요

《집을 나간 소년》 현덕 글, 산하, 1993
현덕이 쓴 동화집으로 일제강점기를 살아가는 아이들 현실을 사실감 있게 그린 작품들이 실린 동화집이에요.

《만년셔츠》 방정환 글, 김세현 그림, 길벗어린이, 2019
일제강점기를 살아가는 창남이를 주인공으로 한 이야기 그림책. 가난한 가운데서도 자기보다 더 어려운 이웃을 돕는 이야기예요.

7. 일본군 '위안부'로 끌려간 여성들

《꽃할머니》
권윤덕 글·그림, 사계절, 2010

일제강점기에 강제로 끌려가 일본군 성노예가 되어 살아야 했던 열세 살 소녀 이야기로, 전쟁을 반대하고 평화로운 세상을 꿈꾸는 내용이에요. 주인공은 심달연(沈達蓮, 1927~2010) 할머니예요.

'꽃할머니'는 경상도 가난한 마을에서 태어나 열세 살이 되던 1940년, 언니와 나물을 뜯으러 나갔다가 일본 군인들에게 강제로 트럭에 태워져 끌려갔습니다. 그리고 배에 태워져 그렇게 끌려온 여자들과 함께 어딘가에 도착했습니다. 군인들은 여자들을 차 여러 대에 나눠 태웠습니다. 여기서 언니와 헤어졌습니다.

그 후 철조망이 쳐지고 강이 있는 산비탈 막사에 집어넣었습니다. 그리고 칸칸이 나누어진 작은 방으로 떠밀려 들어갔습니다. 며칠 뒤 방문 밖에서 줄 서있던 군인들이 번갈아 들어왔다가 나갔습니다. 열세 살 꽃할머니의 아랫도리가 피로 물들었습니다.

다음 장면에 "꽃할머니는 위안부였다"는 글이 나옵니다. 빈 화면에 꽃잎이 떨어지고 바스러지는 그림으로 성폭력으로 인해 여성으로서, 한 인간으로서 인권이 철저하게 짓밟히는 상황을 암시합니다.

그다음 페이지에는 위안소 막사가 죽 늘어서 있습니다. 군인들의 요일별 이용 방법, 계급에 따른 이용 요금, 성병 검사대 등이 보입니다. 막사 곳곳에서 '성전 대승의 용사 대환영', '몸도 마음도 바치는 아가씨의 서비스', '황군 만세' 같은 전쟁 범죄자들이 써 붙였던 가증스럽고 치욕스러운 문구들을 볼 수 있습니다.

　막사 안에는 조그만 여자아이들이 온몸을 한껏 웅크리고 쓰러져 있습니다. 나라가 없어서, 보호해 줄 어른이 없어서 일본 군인들에게 짓밟혔습니다. 싫다고 거부하면 무지막지한 폭력으로 몸도 마음도 만신창이가 되어 갔습니다. 꽃할머니는 차츰 정신을 놓아 버렸습니다. 그리고 일본 군대가 이동할 때마다 끌려 다녔습니다. 그렇게 몇 해가 지난 뒤 일본은 패전하고, 위안부들은 버려졌습니다.

　꽃할머니는 버려진 후 20년 동안의 일을 기억하지 못했습니다. 나중에 누군가 한국으로 데려와 절에 맡겨졌습니다. 그곳에서 우연히 불공을 드리러 왔던 동생에게 발견되어 지극한 보살핌을 받았습니다. 그 동생이 병으로 세상을 떠나고 나서야 꽃할머니는 정신이 돌아와 어렵게 고향을 찾았습니다. 그러나 부모님은 돌아가시고 알아보는 이도, 반기는 이도 없었습니다. 그렇게 혼자가 된 할머니는 밤마다 악몽에 시달렸습니다. 사람들이 더럽다며 수군대는 것 같았습니다.

심달연은 그렇게 자신이 위안부였다는 사실을 말하지 못한 채 50년을 살았습니다. 그런 어느 날, 할머니 이야기를 듣고 싶은 사람들이 찾아왔습니다. 그들에게 비로소 자신이 살아온 이야기를 꺼내 놓았습니다.

일본군 성노예 제도와 위안부 피해자

그림책 《꽃할머니》를 쓰고 그린 작가 권윤덕은 심달연 할머니의 증언을 토대로 제국주의 일본이 제도적으로 침략국 여성들에게 저지른 성폭력과 인권유린 실상을 고발합니다.

그림책에서는 열세 살 여자아이이기 겪어야 했던 성폭력 장면을 직접적으로 드러내진 않습니다. 하지만 어린 여자아이들이 보호해 줄 나라도, 보호해 줄 어른도 없는 가운데 일본 군인들의 만행에 짓밟히고 있음을 보여 줍니다.

막사에 늘어선 군인들, 칸칸이 나누어진 방에 웅크리고 쓰러져 있는 여자아이들, 꽃잎이 흩날리고 바스러지는 장면, 군인들이 여자아이들에게 저지르는 폭력적인 장면들, 꽃잎이

난무하는 가운데 목 없는 군인들, 일본군 모자 등이 어지럽게 섞인 장면들…. 특히 위안소 장면은 조직적이며 체계적으로 여성들에게 저지른 성폭력 사실을 생생하게 말합니다.

"꽃할머니는 일본군 위안부였다"는 문장으로 심달연이 잔인한 일본군의 가혹한 성폭력 피해자라는 사실을 밝힙니다. 심달연이 겪은 위안부 삶은 식민지 역사와 그 맥을 같이합니다. 우리나라가 스스로를 지킬 힘을 갖고 있어서 나라를 빼앗기지 않았다면 심달연이 여성으로서 몸도 마음도 철저하게 짓밟히며 인간의 권리를 유린당하지 않았을 것입니다. 위안부 피해자들은 평생 육체적, 정신적 고통에 시달렸습니다. 그런데도 일본은 "그런 사실이 없다"고 합니다.

심달연 할머니는 "남들같이 살아 보지도 못한 인생이 너무 억울하다"고 했습니다. 자신이 잘못한 것도 아닌데 찢기고 짓밟히고 버려졌습니다. 그런데도 할머니는 살아생전 일본 정부의 사과를 받지 못하고, 2010년 12월 5일 83세에 세상을 떠났습니다. 이렇게 고령의 성노예 피해자들은 하나둘씩 세상을 떠나고 있습니다.

> 조그만 여자아이들이 나라가 없어서, 보호해 줄 어른이 없어서 일본 군인들에게 짓밟혔습니다. 성노예 피해자들은 평생 육체적, 정신적 고통에 시달렸습니다. 그런데도 일본은 "그런 사실이 없다"고 합니다.

우리는 1990년부터 일본 국가(천황)를 위해 솔선해서 몸을 바치는 부대라는 뜻이 담긴 '정신대'라는 잘못된 용어를 사용했습니다. 일본이 사용한 '종군 위안부'라는 말은 자발적으로 군을 따랐다는 뜻이 담겨 있습니다. 유엔 등 국제사회는 '성노예'와 '군대 성노예 제도'라는 말을 주로 사용합니다.

한·중·일 평화 그림책 만들기

2005년 다시마 세이조, 하마다 게이코 등 일본 그림책 작가 4명은 "어린이들이 전쟁 없는 평화로운 세상에서 살기를 바라"는 뜻으로 평화 그림책 만들기 프로젝트 제안합니다.

권윤덕 작가는 여기서 《꽃할머니》 계획을 발표하여 큰 호응을 얻습니다. 그런데 2010년 초 《꽃할머니》를 출판하기로 했던 일본 측 출판사가 "심 할머니 증언의 연행 시기와 장소 등이 공문서와 일치하지 않는다"는 이유로 출판 연기를 통보했습니다. 일본 우익들의 표적이 될 것을 우려해서 스스로 몸을 낮춘 결과였습니다.

권윤덕 작가는 "일본 출간을 포기하더라도 표현하고자 한 것을 해야겠다"고 결심하고, 가제본 책을 만들어 일본 초등학교와 중학교 교실에서 읽어 주었습니다.

아이들은 "할머니 잘못도 아닌데 가슴 아프다", "전쟁은 나면 안 된다", "전쟁을 겪은 분들이 돌아가시면 이 사실을 알 수 없으니 책으로 알려야 한다"고 말해 주었습니다. 그중에 한 중학생 아이는 "일본이 그런 일을 한 것도 충격적인데, 이제까지 우리가 몰랐다는 사실이 더 큰 충격"이라고 말했습니다.

권윤덕 작가는 아이들이 읽을 그림책이라서 성교육 전문가를 찾아가 자문을 구했습니다. "초등학교 성교육의 핵심은 폭력은 안 된다는 것이고, 원치 않는데 강요하는 성은 거부해야 한다고 가르치는 것"이라는 답을 얻었습니다. 바로 《꽃할머니》가 전하려는 메시지입니다.

일본 측 평화 그림책 기획자 가운데 한 명인 그림책 작가 다시마 세이조(田島征三·1940년생)는 동료들과 《꽃할머니》 출간을 위해 여러 방면으로 힘을 쏟았습니다. 그 결과 고로컬러출판사로부터 출간하겠다는 소식을 전해 왔습니다. 출판 경비는 크라우드펀딩으로 모았습니다. 일본어판 제목은 일본 아이들이 할머니를 친근하게 부르는 《하나바바(花ばぁば)》로 했습니다. 할머니들 일을 자기 일처럼 여기는 마음을 담았습니다. 이렇게 일본판 《꽃할머니》는 2018년 출간되었습니다.

더 읽어 보세요

《할머니, 우리 할머니》 한성원 지음, 소동, 2020
일본 군인들을 위한 성노예로 살았던 할머니들의 아름다운 초상화와 함께 그분들의 국내외 활동을 다룬 만화예요.

《박꽃이 피었습니다》 문영숙 글, 이영경 그림, 위즈덤하우스, 2019
남태평양에 있는 추크섬에 끌려간 '순이', 그곳에 피어나는 박꽃을 통해 성노예 여성들이 겪은 아픈 역사를 그린 책이에요.

8. 대를 물려 고통받는 우리나라 원폭 피해자들

《할아버지와 보낸 하루》
김금숙 쓰고 그림, 도토리숲, 2016

하루는 다큐멘터리 사진작가 아빠를 따라간 곳에서 만난
할아버지가 들려주는 이야기를 들어요. 하루가 모두
이해할 수는 없지만 일본으로 강제로 끌려가 원자폭탄을 맞고
큰 피해를 입었다는 것을 알 수 있었어요.

아빠는 원폭 피해자들의 증언을 사진으로 남기기 위해 합천에 있는 원폭 피해자 집으로 가서 할아버지를 만납니다. 아빠와 할아버지는 오래 전부터 알고 지내던 사이인 듯 반갑게 인사를 나누고, 할아버지가 이야기를 시작합니다.

할아버지 이름은 김재일, 일본식 이름은 아키였습니다. 할아버지의 아버지는 강제징용으로 일본에 끌려왔고, 어머니는 가족과 함께 아버지를 찾아 일본으로 왔습니다. 그리고 1938년 히로시마에서 아키가 태어났습니다.

아키가 일곱 살이 되던 해, 1945년 8월 6일 아침 히로시마 하늘은 맑고 쾌청했습니다. 아빠는 공장에 일하러 가고, 누나는 학교에 가고, 엄마는 설거지를 하던 중 공습경보가 울렸습니다. 하루에도 몇 번이나 있는 일이라 크게 신경 쓰지 않았습니다. 얼마 후 공습 해제경보도 울렸습니다.

그때 미군 전투기가 빠르게 날아오더니 엄청난 소리와 함께 태양이 폭발하듯 불꽃이 터졌습니다. 원자폭탄이 떨어진 후 히로시마는 지옥이 되어 버렸습니다. 엄마는 무너진 집 더미 사이에 깔려 피를 흘리며 쓰러지고, 여동생은 불길에 휩싸인 집에서 빠져 나오지 못했습니다. 거리에는 시뻘건 불길과 시커먼 연기 속에서 피투성이가 된 사람들, 피부가 녹아내리는 사람들이 살려 달라고 울부짖고 있었습니다. 컴컴한 하늘에서는 검은 비가 내리는 가운데 사람들은 피투성이가 되어 가족을 찾으며, 물을 찾다가 죽어 갔습니다.

누나와 함께 거리 구석구석을 돌아다니며 어렵게 찾은 아빠는 얼굴과 몸 전체가 새카맣게 타서 알아볼 수 없을 정도였습니다. 아빠는 곧 세상을 떠났습니다.

1945년 해방이 되자 귀국해서 어머니 고향 합천으로 갔습니다. 반겨 주는 이도, 아는 사람도 없었습니다. 알 수 없는 병으로 고생했습니다. 어머니는 몸에 이상한 반점이 생기고, 온몸이 가렵고 숨이 찼습니다. 피폭 후유증을 겪다가 치료도 받지 못하고 돌아가셨습니다. 누나도 피폭 후유증으로 여러 암에 걸려 세상을 떠났습니다. 할아버지도 암에 걸려 여러 번 수술을 받았습니다. 원자폭탄 피폭으로 생긴 병인 건 알았지만, 그보다 더 큰 아픔은 사람들이 원폭 피해자를 이상하게 보고 가까이 오지 않는 것이었습니다.

할아버지는 원폭 때 모든 게 다 타 버렸는데, 집 마당에 있는 무화과나무 덕분에 살아남았다고 했습니다. 지금은 합천 원폭피해자복지회관에서 치료를 받으며, 일본에 있는 아픈 친구가 낫기를 바라면서 생명과 평화를 상징하는 종이학을 접으며 지냅니다.

끊임없이 고통받고 있는 우리나라 원폭 피해자

이 그림책은 김재일 할아버지 증언을 통해 일본에 강제 동원된 우리나라 사람들이 일본에 떨어진 원자폭탄으로 큰 피해를 입었고, 아직도 원자폭탄의 후유증으로 고통 속에 살아가는 현실을 그려 보입니다.

하늘에 비행기가 날고 폭탄이 터지는 전쟁 중에 일본 군인들 감시 아래 한국인들이 끌려가는 그림은 다시는 기억하고 싶지 않은, 그러나 잊지 말아야 할 부끄러운 역사입니다.

끌려간 사람들이 양쪽 페이지에 가득 모여 있는 그림을 볼까요. 그들은 불만에 가득 차 보입니다. 두려운 것 같기도 합니다. 분노에 찬 듯도 합니다. 억울한 듯도 합니다. 가족이 걱정되거나 보고 싶기도 했을 것입니다. 뭔가 할 말이 많은 것

같기도 하고 체념한 것도 같습니다. 이들은 히로시마와 나가사키에 떨어진 원자폭탄의 희생자들이기도 합니다.

　원자폭탄은 근처 1.6킬로미터 이내에 있는 모든 살아있는 것을 순식간에 태워 없앨 만큼 뜨거운 열기를 뿜어냈습니다. 원자폭탄은 일본이 제2차 세계대전에서 항복하고, 우리가 해방이 된 계기가 되었습니다. 양쪽 페이지를 가득 채운 버섯구름 그림은 강렬한 원자폭탄의 엄청난 위력을 느끼게 합니다.

　그 때문에 강제 동원되었던 김재일 할아버지를 비롯한 수많은 한국인이 피폭되어 사망했습니다. 살아있는 사람들도 그 후유증으로 말할 수 없는 고통을 받고 있는 현실을 말하고 있습니다.

　김재일 할아버지 증언은 '우리 땅'에 도사리고 있는 부끄러운 과거 역사가 여전히 오늘의 고통으로 이어지고 있음을 말합니다. 그것은 김재일 할아버지가 잘못해서 겪은 일이 아닙니다. 우리가 힘이 없어서 나라를 지키지 못했기 때문에 겪은 역사적 사실입니다. 할아버지 딸은 엄마도 알아보지 못한 채 말도 하지 않고 20년 넘게 한자리에만 있다고 합니다. 원폭 후유증을 대를 물려 가며 겪고 있는 것입니다. 그런데도

> 할아버지 딸은 엄마도 알아보지 못한 채 말도 하지 않고 20년 넘게 한자리에만 있다고 합니다. 원폭 후유증을 대를 물려 가며 겪고 있는 것입니다.

김재일 할아버지는 아픈 일본인 친구가 낫기를 바라는 마음으로 종이학을 접고 있습니다.

글을 쓰고 그림을 그린 김금숙 작가는 만화와 그림책 형식을 번갈아 사용하며 이야기를 전개합니다. 만화 형식은 이야기에 흥미를 끌게 합니다. 또 그림은 글이 다하지 못하는 내용을 상상하게 하며, 더 많은 이야기를 읽어내게 합니다.
이 그림책은 원자폭탄 피해자와 그 후손인 2세와 3세들의 고통을 알리고 있습니다.

우리나라 원폭 피해자에게 관심을

우리나라 원폭 피해자는 전쟁 물자를 만들던 도시였던 일본 히로시마와 나가사키에 강제 동원되어 노동에 시달리던 중 원자폭탄에 노출되어 피해를 입었습니다. 원폭 투하 후 방호복도 입지 못한 채 잔해 제거에 강제 동원되어 피폭되는 사람들도 많았습니다. 이렇게 강제로 끌려갔거나 굶주림을 피해 히로시마로 갔다가 원폭 피해를 입은 사람들은 5만여 명으로 추산합니다. 그들 중 3만여 명은 세상을 떠났고, 1만 5,000여 명이 조국으로 돌아왔습니다.

(2017. 06. 01 SBS 뉴스)

원폭 피해를 입은 사람들은 조국으로 돌아와서도 갖가지 질병으로 평생 고통에 시달렸습니다. 그들은 질병 때문에 결혼을 할 수 없는 경우도 많았습니다. 몸이 아파서 취업하기도 어려웠습니다. 사람들은 원폭 피해자라고 하면 가까이 가려하지 않았습니다. 강제로 끌려가 강제 노동을 하다가 원폭 피해자가 된 것도 억울한데, 정부에서도 사회에서도 외면당하고, 고통과 외로움을 안고 살고 있는 것입니다.

그런데도 성노예 여성 문제와 달리 원폭 희생자들 문제는 잘 알려져 있지 않습니다. 사회에서도 교육 현장에서도 잘 다루어지지 않았습니다. 그러다 보니 우리나라에 원폭 피해자가 있는지조차 모르는 사람들도 많습니다. 원자폭탄 피해자 문제는 개인의 문제가 아니라, 우리나라가 겪은 역사의 결과입니다. 원폭 피해자들 아픔에 관심을 가져야 합니다.

더 읽어 보세요

《바람이 불 때에》 레이먼드 브릭스, 김경미 옮김, 시공주니어, 1995
작가가 자신의 부모를 모델로 영국에 핵폭탄이 투하되는 상황을 가정하여 핵전쟁의 참상을 고발하는 만화 그림책이에요.

《마사코의 질문》 손연자 글, 푸른책들, 2009
일제강점기에 일본인들에게 가혹하게 짓밟히며 살아간 한국인들 이야기예요. 그중에서 《마사코의 질문》은 자신들이 원인 제공을 하고도 피해자라고 수상하는 일본인들 마음을 그려낸 이야기에요.

《히로시마》 나스 마사포토 지음, 이용성 옮김, 사계절, 2004
일본에 떨어진 히로시마 원폭을 다루고 있어요. 일본의 세계관을 비판적으로 바라볼 수 있는 교과서로 사용할 수 있어요.

9. 제주 4·3 사건으로 돌아보는 아픈 역사

《나무도장》
권윤덕 글그림, 평화를품은책, 2016

멀리 눈 쌓인 아름다운 한라산을 담은 표지 그림은
이 그림책이 제주도 이야기라고 말하고 있어요.
우리가 나라를 지키지 못한 탓에 겪어야만 했던
비극이 켜켜이 쌓인 제주도 이야기예요.

권윤덕 작가는 프롤로그에서 해방을 맞아 외지에 나갔던 사람들이 고향 제주도로 돌아오는 활기찬 모습을 그립니다. 그 사람들의 밝고 화사한 모습에서 그들이 자유롭고 평화로운 나라를 만들어 갈 꿈을 꾸고 있음을 말해 줍니다. 그러나 그들의 꿈은 오래가지 않았습니다.

시리 엄마가 들려주는 이야기가 그 까닭을 밝혀 줍니다.
집에서 누군가의 제사를 지내던 중 시리는 엄마를 따라 어딘가로 갑니다. 오래된 나무와 돌담을 지나고, 산자락으로 들어가 검불을 헤치고 작은 구멍으로 찾아 들어갔습니다. 캄캄한 동굴로 한참을 더 들어가 한곳에 자리를 잡고 엄마가 이야기를 시작합니다. 그 이야기를 통해 제주도민들이 겪은 끔찍한 4·3 사건의 비극과 마주하게 됩니다.
해방이 되자 일본군이 물러간 자리에 카키색 제복을 입은 미군들이 들어왔습니다. 관덕정에 총소리가 난 뒤로는 육지 경찰들이 들어오고, 서북청년단이 들어오고, 군인들까지 위압적인 모습으로 연이어 들어옵니다. 미군정은 관덕정에서 총을 쏘아 시민 여러 명이 다치고 죽게 한 일로 항의하는 사람들을 빨갱이로 몰아가기 시작했습니다.

　시리 아버지는 빨갱이로 잡혀갈까 봐 한라산으로 올라갔습니다. 가을걷이가 끝난 어느 날 시리네 집에 서북청년단과 군인들이 들이닥쳐 집을 불태우고, 할아버지와 할머니에게 총을 쏘아 버렸습니다. 빨갱이 가족이라고….
　미군, 군인, 경찰, 서북청년단 들과 산사람들이 총과 죽창을 들고 대치하는 가운데 수많은 사람들이 죽었습니다. 군인들은 마을 사람들을 학교 운동장에 모이게 한 다음 군인과 경찰 가족을 가려냈습니다. 그리고 나머지 사람들은 트럭에 싣고 가서 죽였습니다. 재판도 하지 않고, 빨갱이라는 딱지를 붙여 죽였습니다.

　경찰이었던 시리 외삼촌은 산으로 숨은 사람들을 찾아 한라산을 뒤지던 중 작은 동굴을 발견합니다. 동굴에서 잡힌 노인을 길잡이로 하여 동굴에 숨어 있던 사람들을 밖으로 나오게 했습니다. 남자와 여자, 노인과 아이가 등을 보이고 일렬로 서 있는 그림에서 엄마 치맛자락을 잡은 아이의 작은 손이 애처롭습니다. 그들은 곧이어 쏟아지는 총소리와 함께 땅에 쓰러졌습니다.

시리 외삼촌은 이들에게 총을 쏘는 데 가담하고 돌아온 뒤 낮에 본 어린아이가 눈에 밟혔습니다. 밤중에 누나(시리 엄마)와 몰래 밭담으로 가서 죽은 엄마 품에서 살아있는 아이를 안고 돌아왔습니다. 시리였습니다. 시리가 잠들고 한참 후에 작은 손이 풀렸습니다. 나무도장이 있었습니다. 시리는 그렇게 자신을 낳아 준 엄마를 죽게 한 사람 덕분에 살아남은 것입니다.

70여 년 동안 묻어 두었던 이야기

보통 동화나 그림책은 작가가 가상의 세계를 설정하고 현실에서 있을 법한 이야기를 그려 나갑니다. 그러나 《나무도장》은 우리 역사에서 실제로 있었던 사건인 제주 4·3 사건을 다룹니다.

시리가 엄마를 따라 들어간 동굴 속에서 들은 엄마의 이야기를 전해 줍니다. 그 이야기에는 제주도민들의 비극이 고스

란히 들어 있습니다. 해방이 되고 제주도에는 미군, 육지 경찰, 서북청년단 등이 들어옵니다. 그들은 산으로 숨은 사람과 그 가족들을 무조건 빨갱이로 몰아가며, 남녀노소를 가리지 않고 죽였습니다.

권윤덕 작가는 빌레못골에 있었던 사건을 바탕으로 《나무도장》에 제주 4·3 사건의 비극을 담아냈습니다. 동굴 속에 숨어 있던 사람들이 폭도라는 증거도 없을 뿐만 아니라, 설령 그렇다 하더라도 시시비비를 가리지도 않고 아무런 저항 능력이 없는 어린이와 어머니마저 끔찍한 죽음으로 내몬 국가 폭력의 부당함을 고발하고 있습니다. 또 인권을 소중히 여기는 평화 정신을 놓치지 않아야 한다고 말합니다.

작가가 그려 보이는 제주 4·3 사건의 현장은 제주도의 눈부신 아름다움 뒤에는 제주도민들의 아픈 역사가 숨 쉬고 있음을 말해 줍니다. 부모형제가, 자식이 바로 눈앞에서 처참하게 죽어 가는 장면을 목격한 제주 사람들의 아픔은 무엇과도 비교할 수 없습니다. 그 역사를 겪은 사람들은 지금 이 순간에도 아픕니다. 그 아픔을 딛고 우리는 다시는 그런 역사를

> 제주 사람들은 부모형제가, 자식이 바로 눈앞에서 처참하게 죽어 가는 장면을 목격해야 했어요. 제주 사람들은 무엇과도 비교할 수 없는 혹독한 고통을 가슴에 품고 역사를 살아야 했어요.

되풀이하지 않아야 합니다.

권윤덕 작가는 이념을 떠나 사람을 우선하는 정신, 어떤 경우에도 사람을 먼저 생각하는 평화의 정신을 살려가야 한다고 말합니다. 작가는 사건의 고발에 그치지 않고, 이념 대립을 넘어 제주 4·3 사건의 의미를 찾아야 한다고 말합니다.

비극적인 집단 학살, 제주 4·3 사건

미군은 1945년 9월 9일부터 1948년 8월 15일 대한민국 정부 수립 때까지, 우리나라 3·8선 남쪽을 통치하면서 불행하게도 행정이나 경찰에서 친일파를 쫓아내지 않고 다시 채용하였습니다. 미군이 친일 경찰을 그대로 채용하는 것에 대한 불만이 많았습니다.

그러던 중 1947년 3월 1일 관덕정에서 3·1절 기념대회를 마치고 시가행진을 하던 중 어린이 한 명이 경찰 말발굽에 치어 쓰러졌습니다. 경찰들이 사과 없이 그대로 지나가자 군중들이 항의하기 시작했습니다. 경찰은 이들에게 발포하여 여러 사람이 죽거나 다칩니다.

그 사건이 발생한 뒤 열흘이 지나서 제주도민들은 총을 쏜 경찰을 처벌하고, 희생자 유족에게 보상하라면서 총파업을 벌였습니다. 이런 요구가 무시당하고, 오히려 미군과 경찰들이 탄압을 하였습니다. 총을 쏜 경찰을 처벌하라는 사람들 중에는 독립운동을 하던 사람들도 있었는데, 이런 사람까지 친일 경찰이 잡아가서 고문하기까지 했습니다.

이에 분노한 제주 사람들은 1948년 4월 3일 '미군 철수'와 '단독 선거 반대'를 외치며 무력 충돌로 나갑니다. 제주 4·3 항쟁의 시작입니다. 그 후 1954년 9월 21일까지 7년 7개월간 제주 전역에서 제주도민 전체 인구의 10분의 1에 해당하는 3만여 명에 가까운 사람들이 잔인하고도 끔찍한 죽임을 당합니다.

제주 4·3 사건은 해방 후 나라의 주인이고자 했던 제주도민들의 기대를 무참하게 꺾으며 일어난 비극적인 집단 학살입니다. 국내외의 정치적 이해관계가 복잡하게 얽히면서 무고한 제주도민들을 희생양으로 삼은 것입니다.

그러다 2003년 노무현 대통령이 국가 권력에 의해 제주도민이 희생된 것을 인정하고 사과하였습니다. 4·3 사건 발생 55년 만에 억울하게 죽어간 사람들 대부분이 죄 없는 보통 사람들이었음을 인정한 것입니다.

더 읽어 보세요

《모르는 아이》 장성자 글, 김진화 그림, 문학과지성사, 2015
제주 4·3 사건으로 어머니를 잃은 아이가 동생 손을 잡고 어떻게든 살아남기 위해 몸부림치는 과정을 밀도 있게 그린 동화예요.

《무명천 할머니》 정란희 글, 양상용 그림, 위즈덤하우스, 2018
진아영 할머니가 어린이였을 때 제주 4·3 사건을 겪으며 경찰이 쏜 총탄에 맞아 턱을 잃고 평생 동안 살아간 내용이에요.

10. 6·25 전쟁에 꿈을 빼앗긴 아이들

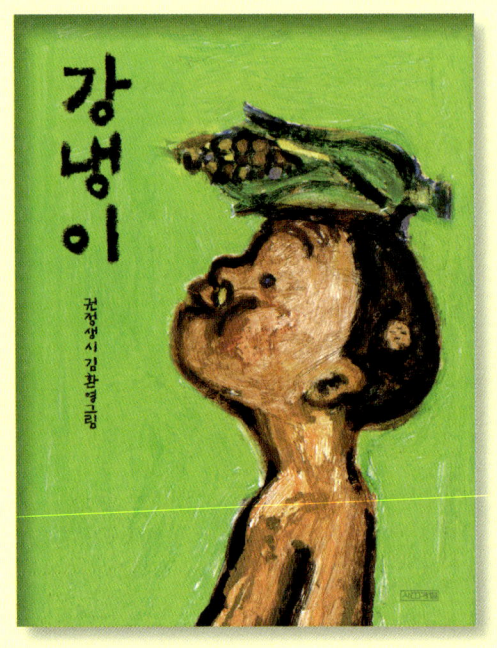

《강냉이》
권정생 시, 김환영 그림, 사계절, 2015 초판/2018 개정판

이 그림책은 강냉이를 심어 놓고 6·25 전쟁이 나는 바람에 피난을 떠난 아이가 두고 온 강냉이를 생각하는 마음을 그리고 있어요. 시에 등장하는 아이는 작가 권정생이에요.

이 그림책에 실린 시를 쓴 권정생은 일생을 살아오면서 전쟁을 두 번이나 겪었습니다. 한 번은 어린 시절을 일본에서 살다가 겪은 제2차 세계대전입니다. 또 한 번은 해방이 되어 우리나라로 돌아와 열세 살 때 겪은 6·25 전쟁입니다.

2015년 초판 그림책의 표지 그림을 보니 여름 강냉이 색깔을 나타내는 녹색 바탕 위에 한 아이가 코를 흘리면서 머리에 강냉이를 올려놓고 있습니다.
첫 장을 펼치면 땅에 단단하게 뿌리를 내린 오래된 나무가 푸른 기운을 가득 담고 든든하게 서 있습니다. 그 나무 밑에 작고 소박한 토담집이 보이는데, 권정생 작가가 생전에 살던 착하게 생긴 작은 집과 꼭 닮았습니다. 책 속에서는 형제가 살고 있는 집이겠지요.
형제는 집 옆에 있는 밭에 강낭알을 심습니다. '생야는 구덩이를 파고, 난 강낭알 뗏구고' 하면서 머리를 맞대고 진지하게 심습니다. '어맨 흙 덮고' 그 모습을 대견하게 바라봅니다.
소년은 강냉이를 '한 치 크면 거름 주고, 두 치 크면 오줌 주고' 하면서 정성을 다해서 보살핍니다. 강냉이는 아이 정성에 보답하듯 싱그럽게 쑥쑥 자라서 아이 키만큼 자라났습니다. 푸른빛으로 쑥쑥 자라서 화면을 가득 채운 강냉이는 보는 것만으로도 배가 불러옵니다.

요즘에는 강냉이를 간식으로 먹지만 이때는 요긴한 양식이었습니다. 아이는 조금만 더 기다리면 식구들과 둘러앉아 마주보며 맛있는 강냉이를 먹고 배가 둥둥 부를 생각으로 가득합니다. 그래서 마음에 드는 강냉이를 '요건 내 강낭' 하면서 '손가락으로 점찍어 놓고' 강아지와 함께 들판에서 평화로운 모습으로 굴렁쇠를 굴립니다.

하지만 이 평화는 오래가지 못합니다. '열하고 한 밤 자고 나서' 전쟁이 일어났기 때문입니다. 아이는 '보따리를 싸둘업고' 강냉이는 밭에 두고 피난길에 나섰습니다. 두고 온 강냉이 생각에 형제는 서로 기댄 채 눈물을 흘립니다. 강냉이를 저희들끼리만 두고 온 미안함 때문입니다.

어른들은 피난을 가다가 어둠이 내려앉은 강둑에 주저앉아 멀리서 검은 연기가 피어오르는 밤하늘을 보며 살아갈 걱정이 가득했습니다. 하지만 아이는 '어매캉, 아배캉, 난데 밤별 쳐다보며 고향 생각 하실 때만' '모퉁이 저꺼짐 두고 왔빈 강낭 생각했다', 엄마 품에 웅크리고 누워 밭에서 혼자 푸르게 자라고 수염이 나고 알이 밸 강냉이 생각으로 가득합니다. 마치 엄마가 집에 두고 온 아기를 생각하듯 오로지 두고 와 버린 강냉이만 생각합니다.

전쟁과 배고픔으로 고통스럽게 죽어 간 아이들

표지 그림에서 강냉이를 머리에 얹은 까까머리 소년의 머리에 동그란 버짐을 볼 수 있습니다. 6·25 전쟁 무렵 가난 때문에 영양 부족으로 생긴 부스럼의 일종입니다.

권정생의 아버지는 일제강점기에 너무 가난해서 일본으로 돈 벌러 떠났습니다. 어머니는 뒤늦게 아버지를 따라갔는데, 뱃삯이 모자라서 목생 형님을 두고 갔습니다. 혼자 남은 목생 형님은 오래지 않아 굶어 죽고 말았습니다. 어린 권정생은 어머니의 슬픈 노래로만 만나게 되는 목생 형님에 대한 애틋한 그리움을 평생 품고 살았습니다. 이 그림책에 나오는 생야가 바로 그 목생 형님이 아닐까 싶습니다.

《강냉이》는 한국, 중국, 일본 세 나라 작가들이 만든 평화 그림책 10권째 책으로, 화가 김환영이 그림 작가로 참여했습니다. 전쟁을 반대하고, 온 세상 사람들이 서로 평화롭게 살아가기를 바라는 마음을 이어 가는 권정생과 김환영의 정신을 담은 책입니다.

화가 김환영은 투박하고 거친, 그러면서 따뜻하고 소박한 그림으로 형제가 온 마음으로 강냉이를 심고 가꾸는 모습과 이런 형제를 바라보는 엄마의 든든하고 애정 어린 기운이 가득 느껴지게 합니다.

권정생은 열세 살 소년이 강냉이를 심어 가족들과 둥둥 배부르게 먹고 싶었지만, 전쟁으로 그런 기대가 깨어진 아픔을 담백하게 담아냈습니다. 김환영은 권정생의 이런 시를 또박또박 진심을 다한 손 글씨와 거칠고 투박하면서도 온기를 품은 그림으로 그려냈습니다.

강냉이는 옥수수입니다. 그림책에서 옥수수가 쑥쑥 자라

'열하고 한 밤 자고 나서' 전쟁이 일어났기 때문에 아이는 '보따리를 싸둘업고' 강냉이는 밭에 두고 피난길에 나섰습니다. 두고 온 강냉이 생각에 형제는 서로 기댄 채 눈물을 흘렸어요.

는 싱그러운 모습은 김환영 작가가 직접 키우고 관찰하면서 그린 그림입니다. 그만큼 옥수수 형태와 색깔이 생생하게 살아있어 눈을 즐겁게 합니다.

 김환영 작가가 전쟁을 겪는 사람들의 불안과 공포와 그리움을 표현한 각 장면의 색깔은 전쟁의 아픔과 평화에 대한 염원을 느끼게 합니다. 아이가 꼬부린 자세로 강냉이를 생각하는 마음을 나타낸 화면 가득한 그림은 강냉이에 대한 걱정이자 동생 형님을 그리워하는 권정생과 겹쳐 보입니다.

 김환영 작가는 이 책의 초판이 나온 뒤 아쉬운 점을 보완하여 개정판을 냈습니다. 그래서 초판과 개정판의 표지 색깔과 크기와 판형이 조금씩 다릅니다. 본문에서 그림 자리도 조금씩 바뀌었습니다. 두 책의 차이점을 비교하며 읽어 보아도 좋을 것 같습니다.

우리 땅 곳곳에 상처를 남긴 6·25 전쟁

　1945년 연합군이 일본 히로시마와 나가사키에 원자폭탄을 떨어트립니다. 이로써 태평양 전쟁이 끝나고 우리는 해방이 되었습니다. 해방된 우리나라 남쪽에는 미군이, 북쪽에는 소련군이 들어오면서 38선이 생기고 분단이 되었습니다.

　그리고 3년 뒤에 남과 북에 각각 미국 편에 선 정부와 소련 편에 선 정부가 들어섭니다. 이렇게 오천 년 함께 살아온 한 민족이 분단되어 서로 총부리를 겨누고 싸우게 되었습니다.

　김구와 같은 민족 지도자들은 분단을 막고 통일 정부를 세우기 위해 애썼지만 오히려 죽음을 당했고, 결국 남북으로 나뉜 채 서로 싸우게 된 것이 6·25 전쟁입니다.

　6·25 전쟁은 1950년 6월 25일부터 1953년 7월 27일까지 한반도 전역에서 일어났습니다. 이 전쟁으로 수많은 군인들이 목숨을 잃거나 다쳤습니다.

　죄 없는 수많은 백성들이 죽고 다치고 헤어져야 했습니다. 아이들이 부모를 잃었습니다. 우리끼리 적이 되어 서로를 향해 총부리를 겨누고 싸운 어리석기 짝이 없는 전쟁이었습니다. 남북이 모두 상처와 증오심만 가득 남긴 끔찍한 전쟁이었습니다.

1953년 7월 27일 휴전 협정으로 전쟁은 일단 멈추었지만, 6·25 전쟁의 상처는 70여 년이 지난 지금도 우리 땅 곳곳에서 이어지고 있습니다.

함께 읽어 보세요

《곰이와 오픈돌이 아저씨》 권정생 글, 이담 그림, 보리, 2007(초판 1980)
9살 곰이와 인민군 오픈돌이 아저씨가 6·25 전쟁 중에 치악산 전투에서 비처럼 쏟아지는 총탄을 맞고 숨졌어요. 영혼이 된 곰이와 오픈돌이 아저씨가 달밤에 일어나 우리나라 전쟁과 분단에 대한 아픔을 이야기하는 그림책이에요.

《빼떼기》 권정생 지음, 김환영 그림, 창비, 2017
6·25 전쟁 중에 병아리 한 마리가 아궁이 불에 데어 빼딱 거리며 씩씩하게 살다가 사람들의 먹이가 되는 이야기예요.

《제무시》 임경섭 글, 임경섭 그림, 평화를품은책, 2017
6·25 전쟁 과정에서 일어난 또 하나의 비극으로 이승만 독재정부 명령으로 군인과 경찰이 국민보도연맹 가입자들을 집단 학살한 사건을 다룬 그림책이에요.

11. 전쟁 때문에 헤어져 살아야 했던 가족

《엄마에게》
서진선 쓰고 그림, 보림, 2014

장기려 박사와 둘째 아들 가용이 북에서 살던 중 6·25 전쟁 중에 부산으로 피난 와서 북에 있는 가족들에 대한 절절한 그리움을 이야기해요. 남쪽으로 온 가용의 이야기는 6·25 전쟁 때문에 가족들이 헤어지고 만나지 못하는 이산가족의 아픔을 그리고 있어요.

이 그림책은 "아빠는 평안북도 용천군에서 태어나셨고, 나는 평양 종로에서 태어났다"는 간단한 문장으로 시작합니다.

가용이네 집 마루 기둥에는 '가화만사성'이라는 가훈이 걸려 있습니다. 온 가족이 함께 봉숭아꽃이 가득한 마당에서 봉숭아 꽃물을 들이고 있습니다.

그러던 중 6·25 전쟁을 맞습니다. 가족들은 토굴에 숨어서 난리를 피하곤 했습니다. 아버지는 다친 사람들을 치료하느라 집에 자주 오지 못했습니다. 추운 겨울이 왔는데, 100만 명이 넘는 중공군이 내려와 사람들을 죽인다고 했습니다. 할아버지, 할머니는 집을 지키겠다고 우리들만 먼저 피난을 가라고 했습니다. 아빠는 할아버지와 할머니만 두고 갈 수 없으니 엄마에게 아이들과 함께 먼저 남쪽으로 내려가 있으라고 했습니다.

가용은 그렇게 엄마와 동생들과 함께 혹한의 추위 속에 피난길에 나섰습니다. 수많은 피난민들과 함께 피난 가던 가용은 잘못 가져온 아빠 옷 보따리를 돌려주러 집으로 달려갔습니다. 병원 버스가 가족들을 대동강까지 태워 주기 위해 대기 중이었습니다. 할머니는 두 달만 피해 있다가 돌아오라고 하며 가용이와 아빠를 버스에 태웠습니다. 가용은 그렇게 아버지 장기려와 함께 부산에 도착합니다. 집을 떠나온 지 보름째 되던 날이었습니다.

부산 앞바다가 보이는 집 옥상. 가용은 엄마가 보고 싶었습니다. 아버지는 천막 병원에 줄지어 기다리는 환자들을 치료하느라 가용을 돌볼 겨를이 없었습니다. 가용은 혼자 밥을 먹어야 할 때가 많았습니다. 엄마가 보고 싶었습니다. 엄마에게 하고 싶은 말이 많았습니다. 엄마가 만든 세상에서 제일 맛있는 만둣국을 먹고 싶었습니다.

그러나 휴전이 되어도 남북을 가로막는 가시철조망은 가용이 가족을 만나지 못하게 했습니다.

가용은 미국에 있는 친척을 통해 엄마가 보내온 소포를 받았습니다. 엄마는 피난을 내려오다 너무 추워서 동생들이 얼어 죽을 것 같아 다시 집으로 돌아갔다고 했습니다. 소포에는 북쪽 가족들 사진과 봉선화 씨앗, 그리고 엄마가 '봉선화' 노래를 불러서 녹음한 테이프가 있었습니다. 그날 밤 가용도 아버지도 많이 울었습니다.

다음날 가용과 아버지는 이발을 했습니다. 가용은 엄마가 만들어 준 옷을 입고, 아버지는 중요한 날에만 입는 양복을 입고 사진을 찍었습니다.

봄이 왔습니다. 엄마가 보내 준 봉선화 씨앗을 옥상에 심었는데 봉선화 꽃이 가득 피었습니다. 마치 고향집 마당 같았습니다.

아버지는 그토록 그리워하던 엄마를 만나지 못하고 월남한 지 45년 만인 1995년 12월 25일 세상을 떠났습니다.

전쟁으로 헤어진 가족들이 겪는 아픔

장기려 박사가 유일하게 손잡고 남쪽으로 내려온 둘째 아들 장가용의 시선으로 엄마에 대한 그리움을 통해 이산가족의 아픔을 전하는 그림책입니다.

책을 열면 흑백사진 같은 그림에 "아빠는 평안북도 용천군에서 태어나셨고, 나는 평양 종로에서 태어났다"는 글이 나옵니다. 할아버지, 할머니, 부모님과 여섯 형제가 모인 10명의 가족이 강아지까지 함께 오롯이 모여 있습니다. 함께 있는 것만으로도 마음이 든든해지는 단란한 가족사진 이미지입니다.

이처럼 단란했던 가족들은 6·25 전쟁 때문에 헤어지고 다시는 만나지 못한 채 그리움 속에 살다가 세상을 떠납니다. 전쟁은 이런 것입니다. 같은 민족인 남과 북이 전쟁을 하고, 우리나라 한가운데에 휴전선을 만들고 서로 오가지 못한 채 70여 년이 넘었습니다. 그 사이에 남북으로 갈라진 가족들은 간절하게 보고 싶은 마음을 간직한 채 하나둘 세상을 떠나고 있습니다.

가족은 매 순간 크고 작은 일을 함께 나누고 밥을 먹고, 어루만지고, 투정을 부리고, 눈을 맞추고, 기쁨과 슬픔을 함께하는 것입니다. 가족에게 사랑받고 인정받고 존중받는 것은 삶의 위안이 되고, 용기가 되고, 살아가는 이유가 될 수 있습니다. 누군가에게 가족을 빼앗는 것은 그 사람의 모든 것을 빼앗는 것입니다.

단란했던 가용이네 가족이 6·25 전쟁이라는 불행한 역사 때문에 헤어져 평생을 그리움 속에 살다가 끝내 만나지 못한 것은 수많은 이산가족이 겪는 아픔을 말합니다.

이 그림책은 6·25 전쟁으로 인해 가족이 해체되고, 아버지

> 단란했던 가용이네 가족이 6·25 전쟁이라는 불행한 역사 때문에 헤어져 평생을 그리움 속에 살다가 끝내 만나지 못한 것은 수많은 이산가족이 겪는 아픔을 말합니다.

와 단둘이 피난살이를 하면서 헤어진 엄마에 대한 애틋한 그리움을 간직한 가용이 마음을 섬세하게 묘사합니다. 전쟁이 한 개인의 삶을 하늘과 땅 만큼이나 바꾸어 놓을 수 있다는 사실을 가용의 섬세한 감정 묘사로 보여 줍니다.

훗날 가용은 남북 이산가족 상봉 때 엄마를 만났습니다. 그토록 보고 싶었던 엄마는 할머니가 되었고, 장가용도 늙어버린 나이가 되었습니다. 가용이 엄마에게 하고 싶었던 수많은 말들, 엄마를 느끼고 싶었던 수많은 시간들, 엄마가 해 준 음식을 먹고 싶었던 숱한 순간들은 그렇게 허공으로 날아갔습니다. 엄마는 또 얼마나 가용이가, 남편이 그리웠을까요.

'한국의 슈바이처' 장기려 박사

6·25 전쟁으로 이산가족의 아픔을 간직한 사람들 중에 '한

국의 슈바이처'로 불리며 평생 가난한 사람들을 위해 의술을 펼쳤던 고 장기려 박사도 있습니다.

그는 1950년 12월 3일 월남하여 부산에 정착합니다. 당시 미국에서 귀국한 전영창이 무료 구제 병원을 설립하자는 제안을 했고, 장기려는 전영창과 함께 1951년 7월 1일 복음병원을 설립하고 원장으로 재직하였습니다. 전쟁 중이던 1951년 피난지 부산에서 돈이 없어 의료 혜택을 받지 못하던 가난한 사람들을 위한 병원입니다.

장기려는 우리나라에 의료보험제도가 도입되기 전인 1968년에 채규철을 만나 1969년 가난한 사람들을 위해 우리나라 최초 의료보험조합인 '청십자의료보험조합'을 설립합니다. 1975년에는 가난한 환자를 돌보기 위해 수정동에 '청십자병원'을 설립하였으며, 1976년에는 '청십자사회복지회'를 설립하여 영세민 구호 활동을 전개합니다. 이러한 청십자운동은 나중에 우리나라 의료보험의 바탕이 됩니다. 장기려는 이러한 공로로 제1회 부산시 '선한시민상'을 비롯해 1979년에는 '막사이사이상'을 수상했습니다.

장기려는 북에서도 남쪽에서도 명성 있는 의사로서 마음

만 먹으면 부와 명예를 모두 가질 수 있었습니다. 그러나 장기려는 오직 가난한 이들을 위해 봉사하는 자리에 자신을 두고 살았습니다. 평생을 이렇듯 가난한 이들을 위한 무료 의료 사업에 몰두하며 욕심 없이 사심 없이 살다가 끝내 6·25 전쟁으로 헤어진 그리운 가족들을 만나지 못한 채 1995년 눈을 감았습니다.

함께 읽어 보세요

《바보 의사 장기려의 청진기》 박그루 지음, 이지후 그림, 밝은미래, 2020
우리나라에서 의료보험제도가 도입되기 전 가난한 사람들을 위한 청십자 의료협동조합을 설립한 장기려 박사 인물전이에요.

《장기려》 유타루 지음, 정문주 그림, 비룡소, 2021
장기려 박사가 북한에서 의사로 활동할 때부터 6·25 전쟁 때 월남하여 부산에서 가난한 이들을 위해 살아간 생애를 그린 책이에요.

12. 전쟁 중에 태어난 희망의 생명

《온양이》
선안나 글, 김영만 그림, 샘터, 2010

흥남철수 작전 때 마지막 피란선 이야기이에요.
명호 엄마는 밤새 진통을 하다가 다음날 아침 갑판에서 아기를
낳았어요. 함께 배를 타고 온 할아버지는 아기에게
'다시는 이런 모진 추위 겪지 말고 따듯하고 환하게만 살라'는
뜻으로 '온양'이라는 이름을 지어 주어요.

6·25 전쟁 당시 맥아더 장군은 북진 작전을 펼치며 곧 백두산에 승리의 태극기를 꽂을 것 같았습니다. 하지만 중공군이 북한을 도우면서 유엔군과 국군은 불리한 상황이 되어 남쪽으로 후퇴하기로 합니다. 그러자 함흥 지역에 있던 많은 사람들이 후퇴하는 유엔군을 따라 피신합니다.

9살 명호네가 살던 함흥에 원자폭탄이 떨어져 곧 불바다가 될 거라는 소문이 돕니다. 이 소문을 들은 할아버지는 엄마에게 아이들을 데리고 당장 피란을 떠나라고 합니다. 엄마는 배부른 상태에서 어쩔 수 없이 명호와 동생 명남이와 한겨울 추위를 견디며 남쪽으로 가는 배를 타기 위해 흥남으로 길을 나섰습니다.

중공군을 피하면서 밤낮없이 걸어서 나흘 만에 흥남에 도착합니다. 그곳에는 이미 구름처럼 모여든 피란민들로 가득합니다. 거리에는 꽁꽁 언 시체가 뒹굴고, 폭격으로 가족을 잃은 사람들, 거리에서 혼자 떠돌며 배가 고파 울고 있는 아이들이 넘쳐났습니다.

얼마 후 커다란 군함이 와서 군인들이 철수하기 시작했습니다. 피란민들도 곧 배를 탈 줄 알았습니다. 그런데 국군 가족과 미군을 도운 사람들, 기독교인 등 미리 표를 받은 사람들만 배를 탈 수 있다고 했습니다. 피란민들은 배를 타게 해 달라고 소리쳤습니다.

이때 국군 장교와 통역관이 피란민들을 데려가야 한다고 설득합니다. 그렇지 않으면 자기들은 걸어가겠다고 하니 미군 사령부는 군인들과 물자만 철수하려던 원래 계획을 바꾸어 피란민들을 수송하기로 작전을 바꿉니다. 그리고 군함은 물론 일반 배와 화물선까지 불러서 피란민 수송 작전을 펼칩니다. 그렇게 몇 척의 수송선이 피란민들을 실어 나르기 시작했습니다.

12월 24일이 되자 곧 배가 끊긴다는 소문이 돕니다. 명호는 배를 타기 위해 안간힘을 쓰는 어른들 틈에서 밀고 밀리다가 가까스로 만삭인 어머니와 동생과 함께 배를 탑니다. 명호는 갑판에서 많은 피란민들과 함께 멀어지는 흥남부두를 바라보다가 거센 폭발과 함께 불길에 휩싸이는 장면을 봅니다.

명호 엄마는 밤새 진통을 하다가 다음날 아침 갑판에서 아기를 낳았습니다. 함께 배를 타고 온 수염이 하얀 할아버지는 아기에게 '다시는 이런 모진 추위 겪지 말고 따듯하고 환하게만 살라'고 '온양'이라는 이름을 지어 줍니다.

흥남부두를 떠나는 마지막 피란선

담채색의 펜화로 보여 주는 명호네가 살던 함흥 시골 마을의 눈 쌓인 들판과 산천, 장작으로 울타리를 두른 시골집은 가족들과 함께 살아가는 소박하고 평화로운 곳입니다.

하지만 전쟁은 함흥 사람들이 한겨울에 뱀처럼 길게 이어진 기차 위로 빼곡하게 올라타 전쟁을 피해 낯선 곳으로 피란가야 하는 불안과 두려움을 안겨 주었습니다.

전쟁은 명호네 가족을 산산이 흩어 놓았습니다. 아버지는 전쟁터로 가고, 할머니는 B29기의 폭격에 돌아가셨습니다. 아픈 할아버지를 두고 뒤늦은 피란길에 나선 9살 명호와 동생 명남이, 배부른 엄마는 한겨울 추위 속을 걸어가야 합니다.

거리에 쓰러진 숱한 주검과 부모를 잃고 혼자 배고파 우는 아이들, 죽음과 배고픔과 가족의 헤어짐이라는 전쟁의 고통을 겪는 사람들의 아픔을 실감나게 합니다. 밤하늘을 나는 전투기들, 비 오는 바다에 떠 있는 커다란 배는 전쟁 상황을 생생하게 보여 줍니다.

거센 눈보라가 몰아치는 가운데 흥남부두를 가득 메운 피란민들은 어떻게든 배에 오르기 위해 안간힘을 쓰다가 떨어져 죽고, 가족과 헤어져 울부짖습니다. 이 모습은 전쟁이 온갖 불행의 씨앗이라는 것을 말합니다.

명호는 씩씩하게 엄마와 동생을 도우며 추운 밤길을 걷고, 사람들이 밀고 밀리는 가운데서도 엄마와 동생과 함께 배에 오르기 위해 선원 아저씨에게 도움을 청합니다. 거리에서 혼자 우는 아이에게 먹을 것을 나누어 주는 인정을 베풉니다. 명호의 씩씩함과 인정이 비극적인 전쟁을 견디는 힘이 되는 것입니다.

무엇보다도 이 그림책은 전쟁 중 후퇴라는 절박한 상황에서도 사람을 먼저 생각하는 인도주의 정신이 빛납니다. 군함에 실었던 무기와 물자까지 버리며 피란민들을 실어 나른 메러디스 빅토리 호와 여러 작은 배들이 전쟁이라는 긴박한 상

> 거센 눈보라가 몰아치는 가운데 흥남부두를 가득 메운 피란민들은 어떻게든 배에 오르기 위해 안간힘을 쓰다가 떨어져 죽고, 가족과 헤어져 울부짖습니다.

황 속에서 사람을 먼저 생각한 덕분에 피란민들이 어려움 속에서도 무사히 월남할 수 있었습니다.

절박한 상황에서 태어난 온양이가, 온양이가 태어날 수 있도록 도운 피란민들의 웃음이 새로운 역사를 이어 갈 희망으로 다가옵니다.

크리스마스의 기적

1950년 6월 25일 전쟁이 일어난 후 국군과 유엔군은 서울을 수복하고 북진을 거듭하며 곧 통일을 이룰 것 같았습니다. 하지만 중공군이 개입하며 통일은 물거품이 되었습니다. 당시 국군과 유엔군은 장진호 전투에서 중공군에게 포위당하며 많은 피해를 입고 퇴로가 차단된 상태였습니다. 게다가 장진호는 영하 40도까지 떨어진 추위로 전투를 하기에는 너무

나 불리한 상황이었습니다.

유엔군 사령부는 어쩔 수 없이 흥남부두를 통해 군인들과 무기와 물자를 남쪽으로 철수하기로 합니다. 이 소식을 들은 함흥 주민들은 미군을 따라 남쪽으로 피란하려 합니다. 흥남부두를 향해 10만 명의 함경도 피란민이 모여들었습니다.

미군 사령부는 10만 명이 넘는 군인들과 물자 외에 피란민들까지 태울 계획이 없었습니다. 이에 한국군 지휘관들이 전쟁 중에 자신들을 물심양면으로 도운 북한 주민들이 위험하니 데려가야 한다고 강하게 설득합니다. 배에 태울 공간이 부족하다면 자신들이 걸어서 후퇴하겠다고까지 합니다. 결국 미군 사령부는 10만 명의 군인 외에 10만여 명의 피란민들도 수송하기로 계획을 바꿉니다. 그렇게 해서 1950년 12월 15일부터 12월 24일까지, 군함과 상선 200여 척이 피란민들을 옮길 해상 철수 작전이 시작됩니다. 그래도 배와 시간 부족으로 끝내 타지 못한 피란민도 많았고, 영하 30도가 넘는 혹독한 추위에 얼어 죽은 사람들도 수없이 많았습니다.

어떻게든 살아남기 위해 처절하게 몸부림치는 사람들이 전쟁의 비극을 고스란히 보여 줍니다. 선장은 배에 실려 있던 무기를 버리고 2,000명 정원의 메러디스 호에 1만4,000명의 피란민들을 태우고 12월 24일 부산항에 도착합니다.

그러나 부산은 이미 피란민으로 가득 차서 입항이 거절되었습니다. 선장은 하는 수 없이 거제도 장승포항으로 이동하여 12월 25일 피란민들을 무사히 내려 주었습니다. 그동안 배 안에서 다섯 명의 아기가 태어났다고 합니다. 함흥 주민들이 추위와 굶주림으로 극심한 어려움을 겪으면서도 무사히 월남한 것을 두고 '크리스마스의 기적'이라고도 합니다.

더 읽어 보세요

《숨바꼭질》 김정선 글·그림, 사계절, 2018
6·25 전쟁으로 양조장 집 박순득과 자전거포 집 이순득이 헤어진 상황을 숨바꼭질에 비유한 그림책이에요.

《장진호에서 온 아이》 이규희 지음, 백대승 그림, 스푼북, 2020
1950년 일어난 6·25 전쟁 중 국군과 유엔군이 영하 30도나 되는 강추위를 견디며 장진호에서 중공군과 벌인 전투 이야기예요.

13. 베트남 전쟁의 가해자이자 피해자

《용맹호》
권윤덕 글·그림, 사계절, 2021

이 그림책 주인공은 용맹호 씨예요. 그는 베트남 전쟁에
참전해서 베트콩을 용감하게 무찌른 '국군 장병 아저씨'예요.
하지만 용맹호 씨는 밤마다 베트남 전쟁을 떠올리면서
귀, 가슴, 눈, 발 등이 하나씩 더 늘어 가며 괴물로 변해 갑니다.

용맹호 씨는 자동차 정비소에서 하루 종일 일하고 돌아와서 쉬면서 텔레비전을 보다 깜짝 놀라 코드를 뽑아 버립니다. '베트남전은 우리에게 무엇인가?'라는, 오래전에 용맹호 씨가 겪은 기억하고 싶지 않은 일이 나왔기 때문입니다.

용맹호 씨는 다음날 한여름의 푸르름 속에서 일터로 가다가 오래 전에 겪은 어떤 장면과 마주하고 깜짝 놀랍니다. 그것은 검정 옷을 입은 여인과 그 여인이 안고 있는 아기입니다. 용맹호 씨는 낮에 본 장면 때문에 잠들지 못합니다. 그리고 머릿속에서 베트남 전쟁 때처럼 정글을 헤맵니다.

용맹호 씨는 이렇게 밤새 베트남 정글을 헤매다, 다음날이면 화분에 물을 주고 운동을 하면서 일상을 살아갑니다. 그러던 중 새로운 귀가 하나 더 돋아납니다. 새로 생긴 귀에서는 전쟁터에서 울리던 총소리가 들려옵니다. 그러면 용맹호 씨는 무서운 호랑이 형상으로 변합니다. 용맹호 씨는 불안한 마음을 감추고 싶은 것처럼 새로 생긴 귀를 감추려고 합니다. 그러다 다음날이면 또 아무렇지도 않게 출근하여 자동차 수리를 합니다.

밤이 되면 용맹호 씨 머릿속은 다시 베트남입니다. 한국

군인들은 총을 들고 지네가 꿈틀대는 정글을 누비며 용맹하게 작전을 수행합니다. 커다란 군홧발들 사이로 조각조각 잘려 나간 여자의 검은 옷과 슬리퍼가 어지럽게 흩어져 있습니다. 풀숲에서 시시덕거리는 전우들 목소리는 검은 옷 여성이 성폭행 당했음을 암시합니다.

용맹호 씨는 이처럼 베트남 전쟁 장면들이 떠오를 때마다 귀, 가슴, 눈, 발 등이 하나씩 더 늘어 가면서 괴물로 변해 갑니다. 용맹호 씨는 그것들을 감추기에 급급하지만, 베트남 전쟁은 그의 기억에서 사라지지 않습니다.

용맹호 씨는 다시 퇴근하고 정비소를 나와 걷습니다. 새로 생긴 또 하나의 눈에 베트남 바닷가가 보입니다. 베트남 사람들이 초록색 논에서 일하고 있습니다. 평화롭습니다. 그곳에 폭탄이 터집니다. 누군가의 몸이 산산이 찢어져 흩어진 살점들이 용맹호 씨 온몸에 덕지덕지 달라붙습니다.

용맹호 씨는 오늘도 귀, 가슴, 눈, 다리가 셋인 채로 정비소에 갑니다. 그리고 다음날 정비소에 갔다가 돌아오는 길에 헬리콥터 소리가 들리고, 수류탄이 터지고, 땅바닥이 빙글빙글 돌아가는 전쟁터 모습이 떠올라 길 위에 쓰러지고 맙니다.

용맹호 씨는 베트남 농촌 어떤 집으로 총을 겨누고 들어갑니다. 소처럼 착한 눈을 가진 어린아이와 노인과 여자들이 식사를 하고 있다가 갑자기 들이닥친 군인들을 놀란 눈으로 바라봅니다. 용맹호 씨는 중대장의 명령에 따라 그들을 '확실하게 처리'합니다. 그들의 눈빛이, 목소리가 귓가에서 계속 들려오며 고통에서 헤어나지 못합니다.

전쟁 피해자들이 겪는 고통

용맹호 씨는 베트남 전쟁에 참전하여 베트남 사람들에게 폭력을 가한 가해자로서 자신을 떠올리며 고통스러워합니다.

그림책은 표지에서부터 매 장면마다 베트남을 떠올리는 이미지를 보여 줍니다. 앞뒤 면지에도 강물 위에 서 있는 베트남의 야자수를 색채의 농담을 조절하고 야자수 줄기에 흰 공간을 남겨두며 베트남의 아름다운 풍경을 보여 줍니다. 정글 속에서 임무를 수행 중인 한국 군인들이 보입니다.

작가는 화면을 위아래로 나누기도 하고, 만화처럼 여러 칸으로 나누기도 하고, 열린 화면을 사용하면서 용맹호 씨가 베트남 전쟁 당시 베트남 사람들에게 저지른 행동을 일상 속에서 떠올리며 고통스러워하는 모습을 그려 보입니다.

용맹호 씨는 베트남 전쟁에서 벗어나고 싶습니다. 하지만 다시금 베트남 정글을 누비는 자신의 모습이, 폭탄이 터져 누군가 목숨이 날아가는 환영이 떠오릅니다.

용맹호 씨 마음이 전쟁터에서 떠나지 못합니다. 고통스럽습니다. 이런 기억을 지우고 싶습니다. 벗어나고 싶지만, 용맹호 씨는 동료들과 함께 베트남 농가로 들어가 아이와 노인과 여자들을 '처리'하는 장면의 기억이 떠오릅니다.

권윤덕 작가는 용맹호 씨가 베트남 전쟁 당시 민간인들에게 폭력을 저지른 가해자이고, 그로 인한 끔찍한 고통의 기억 때문에 고통스러워하는 피해자라는 양면성을 보여 줍니다.

모든 사람들은 평화를 원합니다. 그러나 세상에는 과거에도 지금도 전쟁이 끊이지 않습니다. 그럼에도 평화로운 세상을 향한 희망을 멈출 수 없습니다.

권윤덕 작가는 이 그림책을 통해 '우리가 일본에 피해 보상을 요구하는 것처럼, 베트남 전쟁의 가해자로서 베트남 국

> 베트남 전쟁에 참전했던 군인들 중에는 베트남 민간인들을 학살한 경우도 있습니다. 용맹호 씨도 그중 한 사람입니다. 그들이 겪는 아픔과 고통은 누가 어떻게 보상할 것인가요?

민에게 사과하고 배상하는 길을 찾아야 하는 것이 아닌가?'라는 문제를 제기하고 있습니다.

수많은 사람에게 고통을 남긴 베트남 전쟁

베트남 전쟁은 '월남전'이라고도 합니다. 베트남의 완전한 독립과 통일을 위해 남베트남민족해방전선이 북베트남의 지원 아래 남베트남 및 이들을 지원한 미국과 벌인 전쟁입니다.

베트남은 프랑스 식민지였는데, 제2차 세계대전이 발발하자 일본이 점령하였다가 일본이 패배하면서 다시 프랑스 식민지가 되었습니다. 베트남 국민에게 지지를 받던 호찌민은 1954년 프랑스와 싸워서 물리치고, 2년 뒤인 1956년 통일정부를 구성하는 총선거를 치를 예정이었습니다. 그러나 제네바 협정에 따라 북베트남에는 호찌민이 이끄는 정부가 들어서고, 남베트남에는 미국이 지원하는 옹오딘지엠이 이끄는 정부가 세워졌습니다.

그런데 옹오딘지엠이 독재정치로 국민들을 탄압하자, 1960년 남베트남에서 민족해방전선(베트콩)이 결성되어 미국에 맞섭니다. 미국은 베트남이 사회주의가 되는 것을 원치 않아 1964년부터 베트남 전쟁에 개입하고, 한국 정부에 파병을 요청합니다.

당시 한국 정부는 1965년부터 1973년 미군이 철군할 때까지 8년 5개월 동안, 미국의 동맹군으로 32만여 명을 베트남에 파병했습니다. 미국으로부터 안보를 보장받고 경제적 이익을 계산한 결정이었습니다. 이들 중 5,000여 명이 사망했고, 1만 명이 넘는 군인들이 부상당했습니다. 귀국 후에도 고엽제 후유증으로 고통을 받다가 세상을 떠난 사람 또한 적지 않습니다.

베트남 전쟁에 참전했던 군인들 중에는 베트남 민간인들을 학살한 경우도 있습니다. 용맹호 씨도 그중 한 사람입니다. 그들이 겪는 아픔과 고통은 누가 어떻게 보상할 것인가요?

북베트남과 베트콩은 1968년 남베트남 수도인 사이공까지 빼앗고, 1969년 임시정부를 수립합니다. 미국은 전쟁에 지쳐 갔고 미국 내에서도 전쟁을 반대하는 목소리가 높아지자 북베트남과 평화회담을 하고, 1969년 6월 이후 철수를 시작합니다. 그 후 1973년 1월 프랑스 파리에서 남·북 베트남과 베트콩 대표가 모여 전쟁을 중단하기로 합니다. 이듬해 북베트남 공격으로 1975년 4월 남베트남은 무너지고 사회주의 공화국으로 통일됩니다.

더 읽어 보세요

《사이공 하늘 아래》 신현수 지음, 최정인 그림, 스푼북, 2021
베트남 전쟁을 배경으로 당시 파병된 한국군 김동수 병장과 남베트남 아이 뚜언이 전하는 베트남 전쟁 이야기예요.

《일곱 시 ; www.about 베트남.war》 김지연, 김소희, 여원, 원동업, 김선영, 가는비, 조수정 지음, 피스북스, 2021
베트남 전쟁을 만나는 일곱 개의 시선. 베트남 전쟁을 소재로 7명의 시민 작가들이 만든 만화책이에요.

14. 총은 누구를 지켜야 하나

《씩스틴》
권윤덕 글·그림, 평화를품은책, 2019

씩스틴은 폭도이며 빨갱이인 시민들을 '해치우는' 데 앞장서다가 시민들의 진실을 보았어요. 그리고 고민하다가 진실 쪽에 서기로 해요. 그 순간부터 씩스틴에게는 정의를 상징하는 씨앗망울들이 피어나기 시작해요.

1980년 5월 광주 시민들은 싱그럽게 다가온 봄을 즐겼습니다. 또 다른 한쪽에서는 신군부에 반대하며 연좌데모를 하는 학생들로 어수선합니다.

책을 펼치면 씩스틴들이 명령을 수행하기 위해 세 대의 얼룩무늬 트럭에 가득 타고 있습니다. 그들은 교육받은 대로 폭도이며 빨갱이인 시위자들을 제압하려고 현장으로 진격하기 위해서 대기하고 있습니다.

씩스틴들은 트럭을 타고 현장으로 가서 명령받은 대로 시위자들에게 몽둥이를 휘두릅니다. 쓰러진 사람을 짓밟습니다. 골목으로 달아나는 시민도, 숨겨 주는 사람도 거침없이 해치웁니다. 계엄군은 시민들을 격렬하게 공격합니다. 시민들은 돌멩이와 화염병으로 맞섭니다. 시민들은 희생자가 나와도 최루탄도, 장갑차도 두려워하지 않았습니다. 오히려 그들의 숫자가 늘어났습니다. 씩스틴은 이쯤 되면 시위자들이 물러나야 하는데 그렇지 않은 상황이 이상하고 궁금했습니다.

씩스틴들에게 총알이 지급됩니다. 씩스틴의 총알이 폭도(시민)들을 향해서 연달아 날아갑니다. 아스팔트 위에는 할아버지 모자가 널브러지고, 아이 책가방에서 쏟아진 학용품들이 흩어져 있습니다. 누군가의 안경이, 주인을 알 수 없는 구두 한 짝이 길 위에 던져져 있습니다. 씩스틴이 쏜 총알이 이 물건 주인들 살을 파고들었습니다. 그래도 시민들은 "민주주의 만세"를 외치며 광장으로 나옵니다.

다시 총소리가 요란하게 울립니다. 문방구 아저씨가, 가구 공장 청년이, 학생이 쓰러집니다. 누군가 달려 나와 그들을 끌고 갔습니다. 씩스틴은 이 모습을 지켜보며 마음이 흔들렸습니다. 씩스틴이 해치워야 하는 사람들은 폭도도 아니고, 빨갱이도 아닌 광주 시민들이었습니다. 학교에서 공부하고 있어야 할 학생들이고, 동네 골목에서 마주칠 아이들이었습니다.

씩스틴 마음이 흔들렸습니다. 시민들에게 겨누었던 총을 허공을 향해 쏘았습니다. 쓰러진 학생의 핏물 위에서 작고 하얀 씨앗망울들이 피어올랐습니다. 광장에서 쓰러신 영혼들입니다. 씩스틴은 더 이상 사람들을 향해 총알을 쏘지 못했습니다.

씩스틴들에게 외곽으로 이동하라는 명령이 떨어집니다. 씨앗망울은 묻습니다. "너도 갈 거냐?"고. 망설이다가 광장에 남아 시민들을 지키기로 합니다. 시민들 중 어떤 아주머니는 주먹밥을 건네고, 어떤 아저씨는 음료수를 내옵니다. 또 누군가는 죽은 사람들 몸을 닦아 줍니다. 어떤 사람들은 헌혈을 기다립니다. 그 한가운데서 작은 씨앗망울이 광장 가득 피어오릅니다.

씩스틴은 그 모습을 보면서 말합니다. "이제 시민이 나를 지키고, 나는 시민을 지킨다"고.

국가 폭력에 희생당한 광주 시민들

1979년 18년간 독재정치를 하던 박정희 대통령이 심복이었던 중앙정보부장 김재규가 쏜 총에 맞아 세상을 떠났습니다. 박정희가 죽자 국민들은 비로소 민주주의가 시작될 수 있을 거라는 희망을 가졌습니다. 하지만 보안사령관이던 전두환이 군대를 동원해서 권력을 탈취해서 다시 군사독재로 돌아갔습니다. 이들을 신군부라고 합니다.

작가는 총인 씩스틴에게 인격을 부여하여, 처음엔 신군부의 명령에 충실하게 따르다가 나중에는 시민의 편에 서는 과정을 그려 나갑니다.

양쪽 면지를 가득 채운 얼룩무늬는 5·18 당시 시위하는 시민들을 제압하던 계엄군들이 입었던 군복 무늬입니다. 신군부가 자신들 뜻을 따르지 않는 국민들을 탄압하는 데 동원된 공수부대들입니다. 특히 광주 지역에서 반대 시위가 심해지자 씩스틴은 계엄군과 함께 명령에 따라 시민들을 제압하기 위해 나섰습니다.

국가가 국민들에게 이 같은 폭력을 저지르면 왜 안 되는가요? 다음과 같은 이유 때문입니다.
"대한민국 헌법 제1조 2항. 대한민국 주권은 국민에게 있고 모든 권력은 국민으로부터 나온다. 국가란 국민입니다."
영화 '변호인'에서 변호인 노무현(송강호 분)이 국보법을 위반했다는 이유로 학생을 부당하게 연행하여 고문한 경찰관 차동영(곽도원 분)을 향해 그 어느 누구도 하늘로부터 받은 천금 같은 국민의 권리를 해칠 수 없다는 것을 온몸으로 부르짖는 가슴 떨리는 명대사입니다.
대통령은 나라의 주인인 국민이 뽑는 나라의 일꾼입니다. 그러므로 국민들에게 뜻을 묻고 적법한 절차를 거쳐야 합니다. 그런데 일부 군인들이 군대의 힘으로 스스로 대통령이

> 1980년 5월 광주 시민들은 광주를 지키기 위해 무기를 들고 계엄군과 맞서서 싸우기 시작했습니다. 이 과정에서 많은 광주 시민들이 희생되었습니다. 잘못된 국가 권력에 의해 나라의 주인들이 희생당한 불행한 역사였습니다.

되고자 했습니다. 국민들은 그래서는 안 된다고, 그것은 옳지 않다고 항의하였습니다. 그런데 전두환 신군부는 씩스틴에게 이런 국민들이 폭도이며 빨갱이라고 몰아가면서 그들을 무력으로 제압하라고 명령하였습니다.

광주 시민을 국민의 군대여야 할 총칼로 짓밟은 가해자인 전두환은 자신이 주도한 국가 폭력 때문에 수많은 사람이 목숨을 잃었고, 수십 년이 지나서까지도 그때의 상처 때문에 고통에서 헤어나지 못하고 있는데도 끝내 사과하지 않고 죽었습니다.

5·18 광주민주화운동

1979년 10월 26일 18년간 독재정치로 온 국민의 자유를 억압했던 박정희 대통령이 부마민주항쟁 후 부하가 쏜 총에 맞아 죽으면서 18년간의 군사독재정치가 막을 내렸습니다. 국민들은 민주주의 정부 수립에 기대를 걸고 있었습니다. 하지만 전두환 보안사령관과 노태우를 중심으로 한 신군부 세력이 12월 12일 반란을 일으켜 권력을 장악했습니다.

　5월 초부터 전국 대학생들이 조속한 민주정부 수립과 전두환 보안사령관을 비롯한 신군부 퇴진을 요구하며 시위를 벌였습니다. 특히 5월부터 광주 전남대학교와 조선대학교를 중심으로 한 학생들 시위가 거셌습니다.

　신군부는 5월 17일 24시에 광주에 공수부대를 투입하여, 신군부에 반대하는 학생들과 시민들을 무력으로 진압하기 시작했습니다. 이어 5월 18일 비상계엄을 선포하고 학생들과 재야인사들을 연행하고, 학생들뿐만 아니라 시위에 참여하지 않은 시민들까지 남녀노소 가리지 않고 폭력을 휘둘렀습니다. 이 과정에서 많은 사람들이 희생되었습니다.

　광주 시민들은 광주를 지키기 위해 무기를 들고 계엄군과 맞서서 싸우기 시작했습니다. 이 과정에서 많은 광주 시민들이 희생되었습니다. 잘못된 국가 권력에 의해 나라의 주인들이 희생당한 불행한 역사였습니다.

광주민주화운동은 국가 폭력에 맞서 광주 시민들이 자발적으로 시민군을 조직하여 맞서 싸운 역사적 사건입니다. 5월 18일부터 27일까지 이어진 광주민주화운동은 많은 희생자를 낳았고, 수많은 사람들이 오늘도 그 후유증에서 벗어나지 못한 채 고통 속에 살아가고 있는 우리 역사의 비극적 사건입니다.

더 읽어 보세요

《오월의 달리기》 김해원 지음, 홍정선 그림, 전국초등사회교과모임 감수, 푸른숲주니어, 2013
1980년 민주화 요구를 위한 시위가 한창이던 때 달리기 선수였던 한 아이 눈으로 바라본 광주민주화운동 이야기예요.

《오월의 어린 시민군》 양인자 지음, 홍연시 그림, 위즈덤하우스, 2021
5·18 광주민주화운동 당시를 살아낸 어린이가 계엄군에 맞선 시민군을 통해 민주주의의 의미를 깨달아 가는 이야기예요.

15. 노란 리본이 슬픈 아이들

《풍선고래》
하종오 동화, 전명진 그림, 현북스, 2017

헌법을 지키지 않는 것에 대해 사람들은 분노했어요.
그래서 날이 어두워지면 아이들 손을 잡고 광장에 모였어요.
그리고 촛불을 들었어요. 광장은 거대하고 장엄한 촛불 바다를
이루었어요. 촛불은 국민들이 진실을 알고 싶은 마음을 대신 전해요.

아이들이 수학여행을 가기 위해 탄 배가 물속으로 가라앉았습니다. 아이들은 물이 차오르는 배에서 애타게 구조를 기다렸습니다. 그 모습을 온 국민이 지켜보며 발을 구르는 동안 대통령은 어디서 무얼 했는지 나타나지 않았습니다.

사람들은 아이들과 함께 광장에서 촛불을 들었습니다. 광장은 거대한 촛불 바다가 되었습니다. 그들은 한마음, 한 목소리로 외쳤습니다. "대통령은 물러나라"고.

그 순간 푸른 물빛의 고래가 나타났습니다. 풍선처럼 생긴 고래는 물을 뿜었지만 아무도 젖지 않았습니다. 아이들은 드디어 풍선고래가 나타났다고 소곤거렸습니다.

풍선고래에 대한 전설은 이렇습니다.

오랜 옛날에 고래들은 산이나 들에서 살고 사람들은 마을에서 살았습니다. 먹을거리는 곳곳에 넉넉했습니다. 사람들은 마을에 우두머리를 세웠습니다. 그 우두머리가 욕심을 부려 온 나라 땅을 모두 차지하는 바람에 사람들이 양식이 모자랐습니다. 한 착한 사람이 우두머리를 찾아가 따졌지만 들은 척도 하지 않았습니다. 착한 사람은 밤에 우두머리 집에 가서 양식을 꺼내 모든 사람들에게 나누어 주었습니다.

한편 고래들은 사람들이 들어갈 수 없어 먹을 것이 많을 것 같은 바다에 가서 살기로 했습니다. 그러자면 바다에서 살 수 있는 몸으로 바꾸어야 했습니다. 그 방법을 찾던 중 어느 날, 착한 사람이 제 아기를 안고 찾아왔습니다. 양식을 훔쳐 나누어 준 것 때문에 쫓기고 있으니 아기를 바다로 데려가 달라고 했습니다.

고래들은 아기에게 숨을 들이쉬게만 해서 몸에 공기를 가득 채웠습니다. 아기 몸이 풍선처럼 부풀어 고래처럼 변했습니다. 고래들은 자신들과 다른 이 아기를 풍선고래라고 했습니다. 실제로 아기가 풍선고래가 되었는지는 아무도 알 수 없지만 그것은 전설이 되어 아이들에게 전해졌습니다.

촛불 광장에 나타난 전설의 풍선고래는 저보다 몇 배나 큰 배를 지고 있었습니다. 그런데 그 배에는 수학여행을 떠난 아이들이 한 명도 타고 있지 않았습니다. 그들은 모두 하늘나라로 떠났기 때문입니다.

사람들은 울음을 삼키며 다시 외쳤습니다. "대통령은 즉

각 물러나라"고. 그러자 풍선고래가 세차게 물을 뿜어댔습니다. 뿜어져 나온 물이 한데 모여 물결을 이루고 앞서가는 풍선고래를 뒤따라 흘렀습니다. 풍선고래는 대통령 관저 위에 멈춰 섰습니다. 큰 배를 대통령 관저 위에 내려놓자 물결이 쏟아져 내렸습니다. 사람들은 다시 광장을 촛불 바다로 만들었습니다.

모이고 표현할 수 있는 자유를 위하여

책을 펼치면 어떤 말도 나오지 않고, 어떤 이미지도 없는 노란색 면지가 양면 가득 펼쳐집니다. 팽목항과 서울 광장에서, 곳곳에서 만났던 사람들이 노란 리본을 들고 한곳에 모인 듯합니다.

세월호 관련 단체들은 돌아오지 못하는 학생들이 고래를 타고 가족 곁으로 돌아오길 염원하는 의미를 담아 파란 고래풍선을 만들었습니다. 이 풍선고래가 광장에 등장하여 촛불로 가득한 광장 한가운데를 헤엄쳐 다녔습니다. 풍선고래는 세월호를 상징합니다.

하지만 기적은 일어나지 않았습니다. 역사는 무능한 대통령 때문에 수학여행 길에 올랐던 꽃 같은 아이들이 어이없이 희생된 현실을 아프게 기억할 뿐입니다.

이 책은 국정 최고 책임자인 대통령이 위기에 처한 국민들을 구하지 못한 책임을 물어 사퇴를 이끌어낸 촛불혁명을 이야기합니다. 대통령은 '국민이 위험에 빠지면 그 위험으로부터 국민을 보호하기 위해 노력하여야 한다'는 헌법을 지키지 않은 것에 대해 사람들은 분노했습니다. 그래서 날이 어두워지면 아이들 손을 잡고 광장에 모였습니다. 그리고 촛불을 들었습니다. 광장은 거대하고 장엄한 촛불 바다를 이루었습니다. 촛불은 국민들이 진실을 알고 싶은 마음을 대신 전합니다.

2016년 겨울, 사람들은 광화문 광장에 모였습니다. 그리고 촛불로 대통령을 꾸짖어 물러나게 했습니다. 대통령도 잘못하면 벌을 받아야 한다는 것을 아이들은 똑똑히 보았습니다.

화면을 비추는 노란 물결은 돌아오지 못하는 아이들을, 부서져 내려앉은 대통령 관저는 위기에 빠진 국민들을 구하

> 2016년 겨울, 사람들은 광화문 광장에 모였습니다. 그리고 촛불로 대통령을 꾸짖어 물러나게 했습니다. 대통령도 잘못하면 벌을 받아야 한다는 것을 아이들은 똑똑히 보았습니다.

지 못하는 대통령을 국민들이 벌을 주는 것을 의미합니다. 캄캄한 어둠 속에 작은 아이 하나가 촛불을 들고 있습니다.

촛불을 든 아이의 작은 불빛이 큰 어둠을 밝힐 거라는 진리를 암시합니다. 거대한 촛불의 바다가 고래 형상을 하는 이미지는 나라가 어려움에 처하면 또다시 국민들이 장엄한 촛불 바다를 이룰 거라는 것을, 그리고 국민들 하나하나가 나라를 지키는 역사 주체라는 것을 나타냅니다.

여전히 밝혀지지 않은 세월호 진실

2014년 4월 16일 온 국민은 깊은 슬픔에 빠졌습니다. 인천에서 제주로 향하던 여객선 세월호는 출발한 지 얼마 되지 않아 전라남도 진도 앞바다에서 침몰했습니다. 배에는 경기 단원고 학생들을 포함한 474명의 승객이 타고 있었습니다. 단원고 학생들은 수학여행을 가기 위해 설레는 마음으로 세월호를 타고 제주도를 향해 가는 중이었습니다. 학생들은 배가 기울고 물이 차오르는 순간에도 "가만 있으라"는 선원의 안내방송을 믿고 애타게 구조를 기다렸습니다.

하지만 세월호는 진도 앞바다에 속수무책으로 가라앉고 있었습니다. 이토록 위급한 상황에 국가 최고책임자인 대통령은 그날 집무실에 나오지 않았습니다. 어디에서 무엇을 했는지도 알려지지 않았습니다. 관련 책임자들도 적절하게 대응하지 않았고, 그 때문에 476명 중 경기도 안산시 단원고 학생 250명, 교사 11명이 희생되었습니다.

부모들로서는 아침밥 잘 먹여 여행 보낸 아이들입니다. 눈에 넣어도 아프지 않을 자식들입니다. 그런데 차디찬 시신으로 만나야 했습니다. 미치지 않고는 견딜 수 없는 일이었습니다. 아이들이 크면서 함께할 모든 것을 한순간에 빼앗겼다는 사실을 받아들일 수 없었습니다.

온 국민들은 세월호가 침몰하는 그 절박한 순간에 빠르게 대응하여 배에 타고 있던 474명을 구조하지 않은 사실에 대해 분노했습니다. 국민들은 국정 책임자가 진실을 밝히고 머리 숙여 사죄하는 모습을 보고 싶었습니다. 하지만 그때도 그 후에도 최고 책임자는 원인을 밝혀내지도, 유가족들이 마음을 어루만지지도 사과하지도 않았습니다.

세월호 희생자를 가족으로 두지 않은 사람들도 팽목항에서 광화문 광장에서 거리거리에서 노란 리본으로 아픈 마음을 쏟아냈습니다. 대통령에게 그날 어디서 무엇을 했느냐고, 왜 아이들을 구해내지 못했느냐고 진실을 말해 달라고 했습니다. 하지만 대통령은 끝내 진실을 말하지 않았고, 사과도 하지 않았습니다. 애끓는 부모들을 위로하지도 않았습니다.

더 읽어 보세요

《세월호 이야기》 한뼘작가들 지음, 별숲, 2014
동시인, 동화 작가, 그림 작가 65명이 쓰고 그린 세월호 이야기예요.

《홀》 김홍모 지음, 창비, 2021
세월호 참사 이후를 살아가는 사람들 이야기를 다룬 그래픽노블이에요.

16. 우리나라가 지나온 백 년 역사 이야기

《백년아이》
김지연 글·그림, 다림, 2019 초판

우리나라가 지나온 100년 역사를 다룬 역사 그림책이에요.
푸른색 앞표지에서 달려가는 여자아이와 붉은색 뒷표지에서
달려오는 남자아이가 만나 앞으로 100년 역사에 담길
통일의 역사를 이어 가길 바라는 마음도 담겨 있어요.

책을 펼치면 앞뒤 면지에 도장 이미지로 지난 100년간 우리 역사를 빛낸 사람들 이름이 빼곡하게 담겨 있습니다. 일본의 칼날 같은 감시 눈초리를 피해 빼앗긴 나라를 찾기 위해 온몸을 던진 독립운동가들 이름이 보입니다. 독재자에 맞선 4·19민주혁명에서 의문의 죽음을 당한 사람 이름이 보입니다. 열악한 노동환경을 바꾸어 보려다 오히려 자신을 희생한 사람 이름도 보입니다. 민주화 운동을 벌이던 학생들, 강에서 물놀이를 하다가 군인들 총에 희생된 어린이 등 100년 역사에서 자신을 희생하며 역사를 빛낸 사람들입니다.

민주 증조할아버지는 1919년 독립만세 소리가 온 나라에 메아리칠 때 태어납니다. 그리고 빼앗긴 나라를 되찾기 위해 독립운동에 나섭니다.

이어진 장면에서는 독립을 위해 온몸을 던진 사람들이 평화로운 대한민국에서 자유롭게 살아가는 사람들을 보며 웃고 있습니다. 그들이 있어 내 나라 내 땅의 주인이 될 수 있었습니다.

해방을 맞이하지만 광복의 기쁨은 잠시 우리는 비극적인 역사와 만나게 됩니다. 이념 대립으로 많은 사람들이 희생되고 결국 끔찍한 전쟁이 일어납니다. 그런 전쟁을 겪고도 우리는 한나절이면 갈 수 있는 곳을 반백 년이 넘도록 오가지 못하는 부끄러운 분단국가로 남아 있습니다.

그 후 독재자가 다스리는 나라에서 민주주의를 위해 싸워야 하는 역사를 만납니다. 4·19민주혁명입니다. 국민들이 정의를 외치며 싸운 끝에 독재자를 물리칩니다. 또 수많은 사람들 희생이 따라야 했습니다.

정의로운 나라, 행복한 나라를 만들기 위해 수많은 사람들이 노력한 결과 우리나라는 민주주의와 경제성장을 이루었습니다. 하지만 남북통일은 앞으로 역사를 이어 갈 세대의 과제로 남아 있습니다.

하루하루 살아온 삶이 역사가 되다

《백년아이》는 판화와 드로잉과 콜라주로 만든 그림책입니다. 한국인들이 강인한 심성으로 용기 있게 희망을 잃지 않고 역사의 주인으로 살아온 과정을 그린 그림책입니다.

지난 100년 동안의 역사에는 그 시대를 살아온 보통 사람들의 삶이 녹아 있습니다. 역사는 곧 한 사람 한 사람의 삶이 모여서 이루어진다는 것을 말합니다.

지난 100년의 역사를 따라가 보면 우리는 나라를 빼앗기고 압박과 설움을 견디며 좌절의 역사 속에서도 결코 주저앉지 않았습니다. 독립국가의 주인으로, 누군가의 지배를 받지 않는 나라의 주인으로 살아가기 위해 수많은 사람들이 기꺼이 어떤 희생도 마다하지 않았습니다. 누군가는 앞장서고 누군가는 뒤따라 하고, 누군가는 서로 다른 자리에서 자신이 할 수 있는 최선을 다했습니다.

그런데 누군가는 개인의 욕심을 위해 부끄러운 역사를 만들기도 했습니다. 권력 욕심 때문에 부정과 부패를 저지르고, 독재 정치를 하면서 보통 사람들이 누려야 할 권리를 빼앗았습니다.

그러나 우리 민족은 잘못된 세상을 바로 잡기 위한 싸움에 물러서지 않았습니다. 나라가 어려우면 기꺼이 자신을 희생하고, 경제가 어려우면 다른 나라에 가서 돈을 벌어오고, 대통령이 잘못하면 온 국민들이 일어나 꾸짖으며. 나라를 바로 세운 역사가 숨 쉬고 있습니다. 앞으로 통일도 다음 세대가 해낼 수 있을 것입니다.

짧은 지면에 지난 100년 역사에 담긴 중요한 사건과 그에 연관된 사람들까지도 열거하였지만, '개인들의 삶이 모여 대한민국의 역사가 된다'는 사실을 전하는 데 부족함이 없습니다. 또 '이제 앞으로의 100년의 역사는 내가 주인공'이고 '나의 하루는 또 어떤 역사를 이루게 될까?' 하는 기대감을 갖게 합니다.

짧은 지면에 100년 역사를 다루다 보니 미처 다루지 못한 역사도 있고, 자세하게 다루지 못한 측면도 있습니다. 책에 나오는 인물들, 책에서 다루지 못한 역사들을 더 알아볼까요. 그리고 다음 100년의 역사를 어떻게 만들어 갈지에 대해서도 이야기해 보아요.

> 지난 100년 동안의 역사에는 그 시대를 살아온 보통 사람들의 삶이 녹아 있습니다. 역사는 곧 한 사람 한 사람의 삶이 모여서 이루어진다는 것을 말합니다.

우리나라 지난 100년 역사

100년이라는 시간은 개인에게도 한 나라의 역사에서도 짧지 않은 시간입니다. 1919년부터 2019년까지 100년 동안에 우리 민족은 빼앗긴 나라를 되찾기 위해 수많은 사람들이 일어났습니다. 대한민국 임시정부를 수립하고 곳곳에서 목숨 걸고 일제와 맞서 싸웠습니다. 1920년 봉오동 전투, 청산리 전투, 1926년 6·10 만세운동, 1929년 광주학생운동까지 남녀노소를 가리지 않고 싸우며 나라의 주인으로 역사의 주인으로 살아왔습니다.

해방을 맞았지만 또 다른 외세가 이 땅을 지배하고, 강대국의 이권 싸움에 휘말리고, 6·25 전쟁을 겪게 됩니다.

이승만 대통령은 독재정치를 하며 국민들을 억압했습니다.

국민들은 이에 저항하며 1960년 4·19혁명이 일어납니다. 국민들은 국민이 주인이 되는 민주정부를 꿈꾸었으나 군인이었던 박정희가 5·16 군사정변을 일으키며 또 다시 긴 독재정치의 터널이 시작되었습니다.

박정희 군사독재정부는 경제를 발전시킨다는 미명하에 젊은이들과 어린아이까지 산업현장에서 혹사시키던 중 1970년 전태일 분신 사건이 일어납니다. 그 후 남북한이 최초로 통일 문제에 합의한 1972년 7·4 남북 공동성명, 박정희 대통령이 장기 집권을 목적으로 한 1972년 10월 유신, 그리고 1979년 10·26 사건이 일어납니다.

1980년 5·18 광주민주화운동, 1987년 6월 민주항쟁, 1998년 금강산 관광, 2000년 분단 후 첫 남북 정상회담, 2002년 한일 월드컵 공동 개최 등 숨 가쁜 역사가 흘러갔습니다.
그리고 2014년 4월 16일 경기도 단원고 학생들이 수학여행을 위해 세월호에 탔다가 배가 가라앉으며 많은 학생들이 세상을 떠났습니다.

우리 100년의 역사는 아픔이 많았습니다. 하지만 우리는 수많은 희생을 치르며 나라를 지켰습니다. 이제 우리는 통일을 이루기 위한 과제를 안고 역사를 살아가고 있습니다.

더 읽어 보세요

《대한독립만세》 홍은아 지음, 노란돼지, 2019
일반 백성들이 나라를 되찾기 위해 벌인 독립운동가들 이야기를 그린 책이에요.

《대한민국 생일은 언제일까요?》 이주영 지음, 현북스, 2020
헌법을 근거로 1919년 3월 1일을 대한민국 원년 원일로 밝히고, 대한민국과 임시정부를 세우는 이야기를 담았어요.

17. 사람이 모여 역사를 이야기하는 광장 이야기

《우리들의 광장》
김명희 글, 백대승 그림, 김벗어린이, 2020

1897년 대안문 광장에서 치러진 대한제국 선포식부터
광화문 광장에서 이루어진 촛불집회까지,
살아있는 우리 역사의 현장을 만날 수 있는 그림책이에요.

대안문(1906년 대한문으로 바뀜) 앞 광장은 1897년 10월 대한제국 선포식을 하고 고종 황제가 황제 즉위식을 했던 장소입니다. 또한 이곳은 1919년 1월 고종이 갑자기 돌아가시면서 국장을 치르는 슬픔의 장으로 바뀌기도 합니다.

　광화문 광장은 우리의 치열하고도 간절한 8·15 해방의 기쁨을 나누는 축제 공간이 되었습니다. 마음껏 태극기를 휘날리고 마음껏 '대한독립만세'가 쓰인 만장을 휘날리는 사람들 모습은 너무나 생생하여 벅찬 마음이 듭니다. 이러한 기쁨도 잠시 6·25 전쟁으로 서울을 빼앗겼다가, 9·28 수복을 이루며 중앙청 앞 광장에서 서울로 입성하는 군인들을 환영하는 기쁨의 광장이 되었습니다. 4·19혁명으로 다시 찾은 광장을 5·16 군사정변으로 박정희와 무장한 군인들이 차지했습니다.

　민주주의는 빛을 잃고 역사는 흘러 1987년에 이릅니다. 독재정치에 저항하던 대학생 박종철이 경찰의 물고문으로 숨지고, 이한열이 최루탄을 맞아 중태에 빠졌습니다. 분노한 시민들은 다시금 시청 앞 광장을 메우고 군부독재 타도를 외치는 함성으로 채웠습니다. 그리고 마침내 독재정치를 무너뜨립니다. 광장은 이렇게 몸살을 앓으며 국민들이 새로운 역사를 만들어 내는 공간이 되어 왔습니다.

 2002년 한일 월드컵 축구 경기에서 한국이 4강에 이르는 쾌거를 이루면서 국민들은 온 나라의 광장을 붉은 물결로 가득가득 메우면서 마음껏 축제를 펼쳤습니다. 2014년 광화문 광장은 다시 슬픔의 촛불로 가득 채워졌습니다. 세월호 침몰로 제주로 수학여행을 떠났던 단원고 학생들이 돌아오지 못할 길로 떠났기 때문입니다. 광장은 이렇게 기쁨과 슬픔을 공유합니다.

광장에서 만나는 대한민국 근현대사

 이 책은 광장에서 이루어진 우리 역사의 현장을 보여 줍니다. 역사학자들은 역사를 이끌어 가는 주체는 '보통 사람들'이라고 합니다. 이 책은 그 사실을 분명하게 보여 줍니다.
 고종 황제가 대안문 광장에서 제국을 선포한 때부터 시청 앞 광장에서 벌인 촛불집회까지, 각 시대의 역사 현장을 보여 줍니다. 그곳에서 당대의 주인들이 울고 웃으며 고통의 역사,

아픔의 역사, 기쁨의 역사, 환희와 좌절의 역사들을 함께하며 치열하게 살아간 역사의 주인들을 만나게 합니다.

작가는 앞표지에서 많은 사람들이 커다란 태극기를 들고 '우리들의 광장'이라는 사각형의 현수막을 들고 서 있는 장면과 그 둘레를 장식한 주요 건물들을 보여 주며, 광장에서 우리들의 역사가 이어지고 있음을 떠올리게 합니다.

이 그림책은 광장을 의미하는 정사각형 모양으로 책을 만들고, 아래에서 위로 페이지를 넘기게 되어 있습니다. 오른쪽으로 넘기던 습관 때문에 다소 불편하지만 광장의 의미를 생각하는 데 효과적입니다. 광장에 모인 많은 사람들은 공동의 관심사를 공유하면서 연대의 의미를 일깨웁니다.

책을 열면 만화풍의 그림으로 광장의 다채로운 역사의 현장을 보여 줍니다. 광장은 많은 사람들이 모일 수 있는 빈 공간이며, 누구나 자유롭게 의견을 표현할 수 있는 열린 공간입니다. 작가는 광장의 바탕색과 사람들을 바꾸어 가며 역사적 사건의 성격을 파악하게 합니다. 광장은 늘 같은 모습으로 거기에 있지만 역사적 사건에 따라, 시대에 따라 광장을 채우는 사람들이 바뀝니다. 두루마기에 사모관대를 쓴 사람들이 채우기도 하고, 상복을 입은 사람들이 채우기도 합니다. 대한 독립만세를 외치며 태극기를 든 사람들이 가득하기도 합니다. 대통령 하야를 외치는 사람들이 채워지기도 하고, 군인들과 장갑차가 광장을 채우기도 합니다. 독재자 때문에 민주주의를 짓밟고 분노의 현수막으로 가득 채우기도 합니다. 감격적인 월드컵 승리의 함성으로 붉은 옷들이 광장을 가득 채우며 기쁨의 열기를 쏟아내기도 합니다. 책임을 다하지 못하는 지도자를 촛불로 꾸짖는 장소가 되기도 합니다.

사람들은 광장에 모이고, 다른 사람들과 연대하면서 더 나은 세상을 위해 뜻을 나누고 토론하고, 불을 밝히며 매 순간 역사의 주인으로 살고 있음을 보여 줍니다.

작가는 광장이 역사의 중요한 이슈들을 공유하는 곳으로 표현하며, 기쁨과 슬픔, 고통과 좌절, 아픔과 희망을 나누는 공간으로 다가오게 합니다. 시민들이 공통의 관심사를 공유하고, 연대하면서 의미를 확장시키는 곳으로 다가오게 합니다. 각 시대의 보통 사람들이 모여서 우리나라의 중요한 역사적 순간들을 함께했던 광장은 어디이며, 그곳에서는 어떤 일

> 사람들은 광장에 모이고, 다른 사람들과 연대하면서 더 나은 세상을 위해 뜻을 나누고 토론하고, 불을 밝히며 매 순간 역사의 주인으로 살고 있음을 보여 줍니다.

들이 있었는지 보여 주면서 그 시대의 보통 사람들이 곧 광장 주인이며 역사의 주체라고 말합니다.

사람들이 모이는 곳, 광장

광장은 사람이 모이는 곳입니다. 사람들이 모이면 다양한 이야기가 오고가며 새로운 정보를 주고받는 공간이 됩니다. 광장은 이처럼 함께 기쁨과 슬픔을 나누는 곳, 국민들 의사를 묻는 곳, 기쁜 일이 있을 때 축제를 여는 곳, 문화를 즐기는 놀이터 등 여러 가지 의미를 담고 있습니다.

광장은 국민들이 역사적 사건을 함께 겪은 곳입니다. 조선 시대에도, 일제강점기에도, 6·25 전쟁 때도, 독재자가 시민들의 자유를 빼앗을 때도, 사람들은 광장에 모였습니다. 그리고 우리를 짓밟는 외세에 저항했습니다. 국민들을 탄압하는 독재자에게 저항했습니다. 국정농단을 일으킨 대통령을 탄핵하였습니다.

광장은 중요한 역사적 사안을 공론화하는 자리로서 시민들이 입과 귀가 되는 곳이었습니다. 만약에 광장이 없었다면 사람들은 모이지 못했을 것입니다. 국민들이 뜻을 모아 하나의 목소리를 내지 못했을 것입니다. 우리에게서 나라를 빼앗았던 일제를 향해서, 국민들을 자기 뜻대로 하려는 대통령을 향해서, 학생들을 고문하고 죽게 한 독재정치 권력을 향해서 싸우지 못했을 것입니다.

광장은 축제를 열며 함께 기쁨을 나눈 곳이기도 합니다. 2002년 한일 월드컵에서 4강 신화를 이루었을 때 온 나라 국민들이 광장을 붉은 물결로 물들이고 축제를 즐길 수 있었던 것 역시 광장이 있어서 가능했습니다.

광장은 세월호의 아픔을 나누고, 국정 농단 책임자를 탄핵하는 국민들의 뜻을 전하는 커다란 촛불의 강을 이루었던 곳입니다. 온 나라 곳곳에서 시민들이 모이고, 촛불을 들고, 국민들 뜻을 전하는 역사가 이루어진 곳입니다.

국민들과 소통하는 자리가 광장입니다. 그렇다고 광장은 정치를 하는 사람들이 모이는 곳만은 아닙니다. 시민들은 누구라도 자신의 뜻을 여러 사람에게 자유로이 펼칠 수 있습니다.

광장은 시민들의 놀이터가 될 수도 있습니다. 예술가들이 공연을 할 수도 있습니다. 연말이 되면 아름다운 트리로 눈부시게 빛나는 것처럼 시민들은 마음껏 즐기며 광장 주인으로 역사의 주인으로 살아갈 수 있는 것입니다. 우리 삶 곳곳에는 크고 작은 광장들이 있습니다. 여러분의 광장은 어디에 있나요?

더 읽어 보세요

《촛불을 들었어》 유현미 시음, 보리출판사, 2017
세월호 참사부터 대통령 탄핵, 세월호 인양까지의 모습을 촛불집회에 참여한 아이 눈으로 담아낸 그림책이에요.

《두꺼비가 간다》 박종채 지음, 상상의힘, 2021
두꺼비가 물이 있는 곳을 찾아가 알을 낳고 그 알이 부화되는 여정을 그리고 있어요. 세월호 아이들을 추모하는 그림책이에요.

18. 휴전선을 허물고 남북이 하나 되었으면

《비무장지대에 봄이 오면》
이억배 글·그림, 사계절, 2010

그동안 수많은 이산가족들이 꿈꿔 온 통일 염원과
평화에 대한 간절한 소원을 담은 그림책이에요. 한국적 정서를
가득 담은 민화풍 그림 속에서 우리나라 비무장지대의
생생한 모습과 분단의 아픔을 실감나게 만날 수 있어요.

그림책을 펼치면 세계지도가 양쪽 화면을 가득 채웁니다. 마치 양쪽 날개를 펼친 거대한 한 마리 새 같습니다. 지도 한 가운데에 당당하게 자리 잡고 있는 우리나라를 볼 수 있습니다. 남과 북은 그곳 한가운데에 일정한 거리를 비워 두고 철조망을 쳤습니다. 남쪽도 북쪽도 오가지 못하는 무장하지 않은 지대, 즉 비무장지대입니다. 이곳에 봄이 오는 날 수많은 실향민 가족들이 기뻐 덩실덩실 춤을 출 것입니다. 하지만 철조망 때문에 아직은 갈 수가 없습니다.

작가는 망원경으로만 볼 수 있는 비무장지대 모습을 계절별로 보여 줍니다. 그곳에는 들꽃이 만발하고 온갖 동물들이 평화롭게 노닙니다. 동물들이, 풀들이, 나무가, 바람이 서로 어우러져 산천을 아름답게 수놓습니다. 그곳은 말하지 않아도 우리 모두가 꿈꾸는 평화로운 세상입니다.

할아버지는 북쪽에 고향을 두고 있습니다. 오랫동안 가지 못한 채 그리워한 북녘 땅을 가까이에서 보기 위해 전망대에 오릅니다. 그러자면 '비무장지대 남방 한계선 출입금지', '경고, 이곳은 지뢰지역이므로 출입금지' 이런 무서운 말이 적힌

팻말과 총을 들고 서 있는 군인들을 지나가야 합니다.

비무장지대에 여름이 찾아오면 새들이 날아와 둥지를 틀고 새끼를 낳아 가족을 이룹니다. 수달 형제는 자맥질하며 더위를 식힙니다. 할아버지는 여전히 전망대에 올라 그리운 북녘 고향을 바라봅니다.

비무장지대에 다시 계절이 바뀌어 가을이 되면 견고한 철조망 너머에서는 북태평양에서 살던 물고기들이 거슬러 올라옵니다. 계곡에는 단풍이 곱게 물들고 동물들 가족들은 저마다 계절을 즐깁니다. 하지만 군인들은 전쟁 준비를 위한 훈련을 할 뿐입니다.

비무장지대에 다시 계절이 바뀌어 겨울이 오면 가시철조망에는 눈이 내려 쌓입니다. 여전히 사람들은 오가지 못합니다. 철원 평야 너른 하늘을 무리지어 훨훨 날아가는 새들 노랫소리가 '어리석은 사람들아, 어서 철조망을 거두어 내라'고 외치는 듯합니다.

이야기가 끝날 즈음 양쪽으로 접힌 '통일문'이라고 쓴 철문이 나옵니다. 이 문을 양쪽으로 좌악 열면 철조망이 사라진 비무장지대에서 녹슨 기차와 낡아버린 철모를 아랑곳하지 않고 온갖 새들과 동물들이 자유롭게 노니는 평화로운 모습을 볼 수 있습니다.

할아버지는 손자 손을 잡고 성큼성큼 북쪽으로 걸어가 헤어진 가족과 눈물의 상봉을 합니다. 이산가족들은 물론 우리 온 겨레가 꿈꾸는 모습입니다. 닫힌 철문을 활짝 열어젖히는 그날, 비무장 지대에 봄이 오는 날을 손꼽아 기다립니다.

이산가족들이 겪는 아픔과 희망

남과 북은 1953년 휴전하면서 남쪽과 북쪽 한가운데에 철조망을 친 군사분계선을 세웠습니다. 남과 북이 서로 빨갱이, 괴뢰도당, 반동, 이런 무서운 말을 주고받으며 극한 적대감을 갖고 대치해 왔습니다.

그러는 동안 6·25 전쟁으로 헤어져 남쪽과 북쪽에 흩어진 혈육들은 서로 그리워하며 애태우다가 세상을 떠났습니다. 이산가족들이 얼마나 많은지, 그들이 겪은 아픔은 또 얼마나 큰지 말로는 다할 수가 없습니다. 뿐만 아니라 남북으로 나뉜 수많은 가족들이 서로 오가지 못하면서 보고 싶은데 보지 못하고 그리워하고 있습니다.

　이억배 작가 특유의 민화풍 그림은 전체적으로 따듯한 색감과 곡선을 살린 유연함이 돋보입니다. 6·25 전쟁 이후 '무장하지 않은 지역'에 사람이 드나들지 않아 온갖 식물과 동물이 자유롭게 살아갑니다. 그 모습을 통해 사람이 욕심만 부리지 않으면 저절로 천국이 만들어지는 것을 보여 주는 셈입니다.
　한국적 정서를 가득 담은 아름다운 그림 위에 굳건하게 자리 잡은 군사분계선과 그곳을 지키는 무장한 군인들, 북쪽을 주시하는 초소, 전망대에 올라서 지적에 있는 고향을 먼빛으로만 바라보며 그리워하는 실향민 할아버지 모습은 분단의 아픔을 더 실감나게 합니다.
　왜 동물들은 마음껏 누리는 평화를 남북에 살고 있는 사람들은 누리지 못하는 것일까요? '통일문'처럼 닫힌 남북의 군사분계선을 열 수 있는 방법은 무엇일까요? 그것을 위해 우리는 무엇을 해야 할까요?
　'비무장지대에 봄이 오면'은 다른 말로 하면 '통일이 되면'

> 비무장지대는 세상 어디에서도 보기 힘들 만큼 중무장되어 있습니다. 그것은 세계에서 유일하게 남아 있는 분단국가로서 남북이 갈등하고 대립하는 모습을 낱낱이 보여 줍니다.

입니다. 남과 북이 철조망을 거두고 새들처럼 자유롭게 평화롭게 오가며 살아갈 수 있는 날을 꿈꾸는 우리 모두의 염원을 글과 그림으로 담은 것입니다.

북쪽에 혹은 남쪽에 그리운 부모 형제를 두고도 70여 년 동안 서로 만나지 못하는 현실을 그려 보입니다. 혹시나 6·25 전쟁 때 헤어진 핏줄을 다시 만날 기회가 오려나 손꼽아 기다리다가 세상을 떠난 사람들은 헤아릴 수도 없이 많습니다. 동물들 천국이 된 비무장 지대를 통해 우리에게도 동일문이 열려서 모든 사람이 춤추는 날이 오기를 염원하게 합니다.

봄을 기다리는 비무장지대

1950년 6월 25일 남북 간에 전쟁이 일어나 3년간 이어졌습니다. 그 후 1953년 7월 27일 유엔군과 북한이 휴전협정을 맺

으면서 일단 전쟁은 멈추었습니다. 대신 남과 북 사이에는 군사분계선, 즉 휴전선이 생겼습니다. 남북은 군사분계선을 기준으로 남방한계선까지 2㎞, 북방한계선까지 2㎞, 총 4㎞의 폭으로 임진강 하구에서 강원도 고성까지 248㎞ 구간을 비무장지대(DMZ, demilitarized zone)로 만들었습니다.

비무장지대는 조약이나 협정에 의하여 무장이 금지된 완충지대를 의미합니다. 이곳은 군대가 주둔할 수 없습니다. 무기 등 군사 시설을 설치할 수 없습니다. 혹시라도 발생할지 모르는 무력 충돌을 방지하기 위해서입니다.

비무장지대는 세상 어디에서도 보기 힘들 만큼 중무장되어 있습니다. 그것은 세계에서 유일하게 남아 있는 분단국가로서 남북이 갈등하고 대립히는 모습을 낱낱이 보여 줍니다. 휴전선의 길이는 약 250km입니다. 남쪽 사람들은 북쪽에 가지 못하고, 북쪽 사람들은 남쪽에 오지 못합니다.

비무장지대가 생긴 70여 년 동안 사람들 발길이 닿지 않은 덕에 자연 생태계가 잘 보존되어 희귀 야생 동식물이 마음 놓고 오가는 자연 생태계의 보물창고가 되었습니다.

남북이 총만 내려놓으면 평화의 나라가 되고 평화롭게 웃으며 살아갈 수 있을 텐데 남과 북은 여전히 잠시 멈춘 전쟁 상태입니다. 북한도 남한도 온 겨레가 아닌 반 겨레가 된 채 살아갑니다. 서로 가진 인적 물적 자원을 나누지 못하고, 닫혀 있습니다. 남북 사이에 '종전 선언'이라는 말이 오갔지만 아직은 철조망이 굳건합니다.

더 읽어 보세요

《봄이의 여행》 이억배 지음, 이야기꽃, 2019
세계에서 유일하게 남아 있는 분단국가로 살아가는 우리 현실을 생각하며 통일을 상징하는 글과 그림을 흥겹게 표현한 그림책이에요.

《개구리》 김진문 동시, 윤문영 그린, 우리교육, 2019
통일이 되면 동물들도 마음껏 다니게 되어서 즐거워하는 세상을 상상하며 만든 그림책이에요.

왜 천천히 읽기를 해야 하는가?

'천천히 읽는 책'은 그동안 역사, 과학, 문학, 교육, 지리, 예술, 인물, 여행을 비롯해 다양한 주제와 소재를 다양한 방식으로 펴냈습니다. 왜 천천히 읽자고 하는지 궁금해하는 독자들이 있어서 몇 가지를 밝혀 둡니다.

- '천천히 읽는 책'은 말 그대로 독서 운동에서 '천천히 읽기'를 살리자는 마음을 담았습니다. 천천히 읽기는 '천천히 넓고 깊게 생각하면서 길게 읽자'는 독서 운동입니다.

- 독서 초기에는 쉽고 가벼운 책을 재미있게 읽을 수 있는 방법으로 시작해야겠지요. 그러나 독서에 계속 취미를 붙이기 위해서는 그 단계를 넘어서 책을 깊이 있게 긴 숨으로 읽는 즐거움을 느낄 수 있어야 합니다. 그래야 문해력이 발달합니다.

- 문해력이 발달하는 인지 발달 단계는 대체로 10세에서 15세 사이에 시작합니다. 음식을 천천히 씹으면서 맛을 음미하듯이 조금 어려운 책을 천천히 되씹어 읽으면서 지식을 넘어 새로운 지혜를 깨달을 수 있습니다.

- 독서 방법에는 다독, 정독, 심독이 있습니다. 천천히 읽기는 정독과 심독에서 꼭 필요한 독서 방법입니다. 빨리 많이 읽기는 지식을 엉성하게 쌓아 두기에 그칩니다. 지식을 내 것으로 소화하기 위해서는 정독이 필요하고, 지식을 넘어 지혜로 만들기 위해서는 심독이 필요합니다.

- 어린이들한테는 쉽고 가볍고 알록달록한 책만 주어야 한다고 생각하는 어른들이 있습니다. 그러나 독서력이 높은 아이들은 어렵고 딱딱한 책도 독서력이 낮은 어른들보다 잘 읽습니다. 그런 기쁨을 충족하지 못할 때 반대로 문해력도 발달하지 못하면서 책과 멀어지게 됩니다.

'천천히 읽는 책'은 독서력을 어느 정도 갖춘 10세 이상 어린이부터 청소년과 어른까지 읽는 책들입니다. 어린이, 청소년과 어른들(교사와 학부모)이 함께 천천히 읽으면서 이야기를 나눌 수 있는 읽기 자료가 되기를 바라는 마음에서 만들고 있습니다.